KB245501

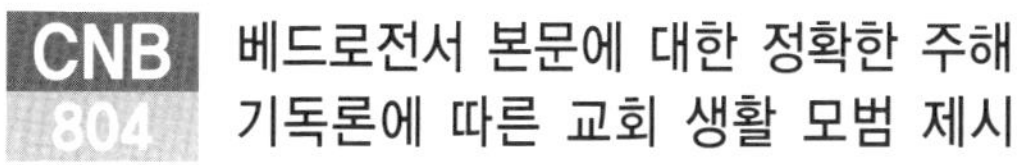
CNB 804 베드로전서 본문에 대한 정확한 주해
기독론에 따른 교회 생활 모범 제시

베드로전서 주해

황 원 하

2018년

교회와성경

지은이 | 황원하

- 고신대학교 신학과(B.A.)
- 고려신학대학원(M.Div.)
- University of Pretoria(Th.M., Ph.D., 신약학 전공)
- 고신대학교, 고려신학대학원 외래교수 역임
- 현재, 대구 산성교회 담임목사로 재직 중

저서
- The theological role of signs in the Gospel of John
  (Saarbrucken: VDM Verlag Dr. Müller, 2008)
- 「40일간의 성경여행」(공저, SFC, 2009)
- 「설교자를 위한 마가복음 주해」(CLC, 2009)
- 「요한문헌 개론」(역서, CLC, 2011)
- 「요한복음 해설노트」(SFC, 2011)
- 「목회서신 주해」(교회와 성경, 2014)
- 「마태복음」(총회출판국, 2014)
- 「갈라디아서 주해」(교회와 성경, 2015)
- 「하이델베르크 요리문답 해설」(교회와 성경, 2015)
- 「담임목사가 되기 전에 알아야 할 7가지」(공저, 세움북스, 2016)
- 「응답하라 신약성경」(세움북스, 2016)
- 「교회의 직분자가 알아야 할 7가지」(공저, 세움북스, 2017)
- 「요한복음」(SFC, 2017)
- 「성도가 알아야 할 7가지」(공저, 세움북스, 2018)
- 그밖에 다수의 연구 논문

베드로전서 주해

CNB 804

베드로전서 주해

A Commentary on the First Epistle of Peter
by Wonha Hwang

Copyright ⓒ 2018 Wonha Hwang
Published by the Church & Bible Publishing House

초판 인쇄 ㅣ 2018년 6월 22일
초판 발행 ㅣ 2018년 6월 29일

발행처 ㅣ 교회와성경
주소 ㅣ 경기도 평택시 특구로 43번길 90 (서정동)
전화 ㅣ 031-662-4742
등록번호 ㅣ 제2012-03호
등록일자 ㅣ 2012년 7월 12일

발행인 ㅣ 문민규
지은이 ㅣ 황원하
편집주간 ㅣ 송영찬
편집 ㅣ 신명기
디자인 ㅣ 조혜진

총판 ㅣ (주) 비전북출판유통
주소 ㅣ 경기도 고양시 일산서구 송산로 499-10 (우) 10212
전화 ㅣ 031-907-3927(대) 팩스 031-905-3927

저작권자 ⓒ 2018 황원하

이 책의 저작권은 저자에게 있습니다.
내용의 일부를 발췌 및 배포할 경우
서면에 의한 저자와 출판사의 허락을 받으십시오.

값은 표지에 있습니다.
파손된 책은 구입처나 출판사에서 교환해 드립니다.
ISBN 978-89-98322-26-7   93230

Printed in Seoul of Korea

베드로전서 주해

A Commentary on the First Epistle of Peter

2018년

교회와성경

CNB 시리즈
서 문

CNB The Church and The Bible 시리즈는 개혁신앙의 교회관과 성경신학적 구속사 해석에 근거한 신·구약 성경 연구 시리즈이다.

이 시리즈는 보다 정확한 성경 본문 해석을 바탕으로 역사적 개혁 교회의 면모를 조명하고 우리 시대의 교회가 마땅히 추구해야 할 방향을 제시함으로써 교회의 삶과 문화를 장달하는 것을 그 목적으로 하고 있다.

따라서 이 시리즈는 진지하게 성경을 연구하며 본문이 제시하는 메시지에 충실하고 있다. 그렇다고 이 시리즈가 다분히 학문적이거나 또는 적용이라는 의미에 국한되지 않는다. 학구적인 자세는 변함 없지만 궁극적으로 하나님의 나라를 지향함에 있어 개혁주의 교회관을 분명히 하기 위해 보다 더 관심을 가진다는 의미이다.

본 시리즈의 집필자들은 이미 신·구약 계시로써 말씀하셨던 하나님께서 지금도 말씀하고 계시며, 몸된 교회의 머리이자 영원한 왕이신 그리스도께서 지금도 통치하시며, 태초부터 모든 성도들을 부르시어 복음으로 성장하게 하시는 성령께서 지금도 구원 사역을 성취하심으로써 창세로부터 종말에 이르기까지 거룩한 나라로서 교회가 여전히 존재하고 있음을 그 무엇보다도 중요하게 여기고 있다.

아무쪼록 이 시리즈를 통해 계시에 근거한 바른 교회관과 성경관을 가지고 이 땅에 진정한 그리스도인의 삶과 문화가 확장되기를 바라는 바이다.

시리즈 편집인

김영철 목사, 미문(美聞)교회 목사, Th.M.
송영찬 목사, 기독교개혁신보 편집국장, M.Div.
오광만 목사, 대한신학대학원대학교 교수, Ph.D.
이광호 목사, 실로암교회 목사, Ph.D.

머리말

베드로전서는 대단히 값어치 있는 내용을 담고 있다. 이 서신의 저자 베드로는 예수 그리스도를 통하여 이루어진 구속의 경이로움을 설명하고 그리스도께서 친히 세우신 교회의 정체성과 방향성에 대하여 언급한다. 그리고 그는 하나님의 자녀가 구원의 토대 위에서 말씀에 순종해야 하며, 거룩한 삶을 살아야 하고, 세상의 박해와 조롱을 참아야 한다고 권면한다. 또한 그는 모든 사람을 향하여 적극적으로 선을 행하고, 모든 영역에서 책임 있는 의무를 수행해야 한다고 말한다. 따라서 우리는 이 서신을 주의 깊게 살펴봄으로써 그리스도인이 어떤 사람인지를 깨달을 수 있으며, 이 세상에서 어떻게 살아야 하는지에 대한 지침을 얻을 수 있다.

나는 베드로전서를 오랫동안 연구했으며, 내가 시무하는 교회를 비롯하여 여러 곳에서 설교하거나 강의했다. 그런데 이제 나는 더 많은 분들에게 베드로전서의 의미를 알려드리기 위하여 이렇게 책으로 엮어 내 놓는다. 더욱이 이 책에는 설교자를 위한 지침이 수록되어 있어서 실제적인 도움이 되리라 믿는다. 나는 언제나 한국인 신학자가 한국의 정서와 현실을 충분히 고려한 좋은 주석을 많이 출간하여 한국교회에 도움을 주기를 바라고 있다. 이에 비록 베드로전서에 관한 외국의 주석들이 많이 있음에도 불구하고 이렇게 나의 주석을 출간한다. 따라서 독자들은 이 책을 읽으면서 외국 주석이나 번역문에서 발견되는 생소함을 느끼지 않을 것이다.

나는 이 책에서 본문의 의미에 대한 다양한 신학적 견해나 논쟁을 많이 언급하지 않았다. 정말로 필요하다고 생각하는 부분은 각주에서 언급했다. 학자들의 논쟁을 일일이 소개하고 평가하는 것은 내가 이 책을 저술한 목적이 아니다. 단지 나는 실용적인 주석을 쓰고자 했다. 오로지 베드로전서를 바르게 이해하고 제대로 가르치기 원하는 분들에게 실제적인 도움을 드리고 싶었다. 그러니 이 책의 설명이 너무 간결하다고 생각하지 말기를 바란다. 더 깊은 연구를 원하는 분들은 내가 이 책의 각주와 참고문헌에 소개한 문헌들을 참고하면 되겠다.

이 책이 나오기까지 많은 분들이 도움을 주셨다. 무슨 일이든지 마찬가지지만, 책을 출간하는 일도 나 혼자 일하는 것이 아님을 깨닫는다. 나의 설교와 강의를 들어주시고 격려해 주시며 기도해 주시는 산성교회 장로님들과 성도님들에게 감사한다. 나의 원고를 꼼꼼하게 읽고 오자를 고쳐주신 귀중한 동역자 임충만 목사, 송태경 목사, 박성환 목사에게 감사한다. 부족한 원고를 훌륭한 책으로 만들어주신 CNB의 출판위원회와 직원들께 감사한다. 마지막으로 나를 헌신적으로 내조해 주는 아내 김숙경과 우리의 듬직한 아들 현준이에게 감사를 표한다.

2018년 6월 11일
황 원 하

차 례

베드로전서 주해

서 론

1. 저자

초기 기독교회는 베드로전서를 사도적 권위를 가진 저작으로 받아들였으며, 초기 교부들은 이 서신의 저자를 베드로라고 생각하는 일에 아무런 의심을 하지 않았다. 당시에 베드로전서는 로마의 클레멘트(96년), 이그나티우스(115년), 바나바 서신서, 허마의 목양서 등에서 언급되었다. 이들 가운데 112년경 서머나의 폴리갑은 이 서신을 여러 번 인용했다. 그리고 유세비우스는 파피아스가 이 서신을 인용했다는 사실을 기록으로 남겼다(참고. *History of the Church*, 3.39.17). 그러나 이 서신의 저자가 베드로라고 명시적으로 주장한 최초의 교부는 130년경에 태어난 이레니우스였다(참고. *Against Heresies*, 4.9.2; 4.16.5). 이후 알렉산드리아의 클레멘트, 터툴리안, 오리겐 등 주요 교부들이 이 서신의 베드로 저작설을 인정했다.[1]

하지만 19세기에 성경 비평학의 시대가 열리면서 많은 비평학자는 이

---

1) J. L. de Villiers, "1 Peter," in A. B. du Toit(ed.), *Guide to the New Testament VI*, Halfway House. NG Kerkboekhandel, 1988, 143-44; 학계에서 일어난 베드로전서의 저작권 논쟁에 대해서 J. Ramsey Michaels, *1 Peter*, Word Biblical Commentary, 박문재 역, 서울: 솔로몬, 2006, 77-94; Donald P. Senior, *1 Peter*, Sacra Pagina 15, Collegeville, Minnesota: Liturgical Press, 2003, 4-7을 참고하라.

서신의 베드로 저작설을 인정하지 않는다.[2] 그들이 베드로를 저자로 보지 않는 가장 큰 이유는 이 서신에 사용된 헬라어에 있다. 이 서신을 읽는 사람은 누구나 여기에 사용된 헬라어가 잘 다듬어져 있으며, 또한 이 서신에 매우 방대한 단어가 사용되었고, 특히 이 서신에 사용된 용어들이 '70인역'(LXX)의 영향을 많이 받았는데, 이는 곧 저자가 교육을 많이 받아서 헬라어에 능통한 사람임을 의미한다고 본다. 더군다나 그들은 사도행전 4:13에 있는 "본래 학문 없는 범인으로 알았다가"라는 문구를 통하여, '과연 갈릴리에서 고기를 잡았고, 아람어를 사용했던 베드로가 저자일 수 있겠느냐?'라며 의심한다.[3] 그러나 사도행전의 "본래 학문 없는 범인으로 알았다가"라는 문구는 정규 랍비 교육을 받지 못했다는 뜻이지, 아예 글을 몰랐다는 뜻이 아니다.[4] 더욱이 베드로가 이 서신을 기록할 때는 어부로 있은 지 이미 30년이 넘었으며, 그동안 예루살렘의 지도자로서 '70인역'을 비롯한 많은 성경으로 설교하고 가르치는 일에 전념해왔다. 따라서 그를 학문에 무지한 사람으로 보아서는 안 된다. 더욱이 그는 성령으로 충만했지 않은가?[5]

---

2) 이 서신의 베드로 저작설을 인정하는 학자는 C. A. Bigg, E. G. Selwyn, E. Clowney, C. E. B. Cranfield, A. M. Stibbs 등이며, 베드로 저작설을 부인하는 학자는 F. W. Beare, E. Best, L. Goppelt 등이다. 이들의 견해를 자세히 알려면 이 책 뒤 '참고문헌'에 있는 각 저자의 주석(서론 부분)을 보라.

3) J. L. de Villiers, 145.

4) 베드로의 설교를 들은 사람들은 다음과 같이 반응했다. "그들이 베드로와 요한이 담대하게 말함을 보고 그들을 본래 학문 없는 범인으로 알았다가 이상히 여기며 또 전에 예수와 함께 있던 줄도 알고"(행 4:13).

5) 비록 베드로가 정규 랍비 교육을 받지 못했을지라도 성령으로 충만한 가운데 설교했을 때, 많은 사람이 회심하는 일이 일어났을 뿐만 아니라, 그가 설교에서 구약성경을 효과적으로 인용하여 예수 그리스도의 구속사역을 담대히 전함으로 사람들을 놀라게 했다. 따라서 그가 성령에 감동하여 이 서신을 기록했다면 그를 이 서신의 저자라고 생각하지 못할 이유가 없다.

또한, 어떤 학자들은 이 서신에서 베드로가 고난을 받고 있는 신자들을 위로하면서 고난을 참고 견디라는 권면을 하는 것이 주후 60년대 초중반에 베드로가 아직 살아 있을 때의 상황과 어울리지 않는다고 주장한다. 우리는 로마의 몇몇 황제들, 곧 네로(54-68년), 도미티안(81-96년)과 트라얀(98-117년)이 다스리던 시대에 그리스도인들을 향한 박해가 있었다는 사실을 알고 있다. 그런데 학자들은 그리스도인들을 향한 심한 박해가 로마 황제 트라얀 시절에 일어난 것이라고 보면서, 이 서신은 베드로가 죽은 후에 기록된 것인이 틀림없다고 주장한다. 하지만 그리스도인들을 향한 박해는 주후 1세기 중엽에 이미 일반적인 것이었고, 로마에서 네로가 박해를 시작하자마자 순식간에 제국 전역으로 퍼져나갔다.[6] 더욱이 베드로전서 본문 자체를 통해서 추정할 때 이 서신에 언급된 박해는 로마 정부의 공식적인 박해가 아니라 불신 이웃의 비공식적인 박해로 보이기 때문에 베드로전서의 저작시기를 늦게 볼 이유가 없다.

그리고 어떤 학자들은 이 서신에 베드로의 메시지와 삶이 제대로 투영되어 있지 않다고 생각하면서 베드로 저작설을 부정한다. 그래서 그들은 소위 '베드로 공동체' 혹은 '베드로 집단'이라 불리는 일단의 무리가 베드로의 이름을 사용하여 이 서신을 작성했다고 주장한다. 하지만 이 서신의 첫 구절에는(1:1) 베드로가 이 서신의 저자라는 사실이 명확하게 나와 있다. 그리고 서신의 마지막 부분에서(5:1) 저자는 자신을 "그리스도의 고난의 증인"이라고 진술하여 자신이 그리스도께서 고난당하신 것을 목격했다고 말한다. 게다가 이 서신에는 베드로가 예수님을 따라다니면서 경험하고 들었던 내용이 두루 반영되어 있고, 또한 사도행전에 있는 베드로의 설교와 이 서신에 있는 그의 권면 사이에는 상당한 연관성이 있다. 그

---

6) J. L. de Villiers, 146.

러므로 우리는 베드로가 이 서신을 기록했다고 결론 내릴 수 있으며, 따라서 이 서신의 권위를 인정할 수 있다.

2. 수신자

베드로전서의 수신자들이 살고 있던 장소는 1:1에 명확하게 언급되어 있다. 그들은 본도, 갈라디아, 갑바도기아, 아시아, 그리고 비두니아에 살고 있었다. 이곳은 소아시아의 북서부 지역을 가리킨다. 베드로전서의 전체 내용을 고려할 때, 이 서신의 수신자들은 유대인들과 이방인들이 혼합된 공동체로 보인다. 수신자 가운데 유대인이 있다고 보는 이유는 이 서신에 구약성경이 많이 인용되어 있기 때문이며, 또한 그들이 이방 지역에 "흩어진 나그네"(παρεπιδήμοις διασπορᾶς)라고 묘사되어 있는데, 일반적으로 이 표현은 '디아스포라 유대인들'을 가리키기 때문이다. 하지만 수신자에는 이방인도 상당수 섞여 있었음이 분명하다. 왜냐하면, 베드로가 이 서신에서 수신자들의 회심 이전 생활이 대단히 음란하고 방탕했다고 말하는데, 이러한 진술은 율법을 지켜 온 유대인에게 적합하지 않기 때문이다(참고. 4:3-4).

우리는 이들에게 복음을 최초로 전파한 사람이 누구인지 알지 못하며, 언제 그들에게 복음이 전파되었는지도 알지 못한다. 그리고 우리는 베드로가 그 지역을 여행했는지에 대한 기록도 가지고 있지 않다.[7] 비록 성경에 나와 있지 않지만, 베드로가 그 지역을 방문하여 말씀을 가르쳤을 수 있고, 어떤 알려지지 않은 그리스도인들이 그 지역에 가서 복음을 전했을 수도 있다. 혹은 바울의 제자들이 그곳에 갔을 가능성도 있다. 오순절에 예

---

7) Peter H. Davids, *The First Epistle of Peter*, The New International Commentary on the New Testament, Grand Rapids: Wm. B. Eerdmans, 1990, 7-8.

루살렘에 와서 성령의 강림을 목격하고 베드로의 설교를 들은 사람들 가운데 '갑바도기아, 본도, 아시아' 사람들이 있었다는 사실로 미루어볼 때 아마도 그들이 그곳으로 돌아가서 복음을 전하고 교회를 세웠을 가능성도 있다(참고. 행 2:9).[8] 어찌 되었든, 그 지역에는 이미 복음이 전파되어서 믿는 사람들이 있었고, 베드로는 그들에게 편지를 보냄으로써 가르침을 주려고 했다.

3. 기록시기와 기록장소

베드로전서가 언제 그리고 어디서 기록되었는지 특정하기가 쉽지 않다. 먼저, 기록시기에 대해서 생각해 보자. 이 서신의 본문을 연구해 볼 때 이 서신에 기록된 그리스도인들을 향한 박해는 로마 정부에 의한 공식적인 박해가 아니라, 로마인들이나 비그리스도인들에 의한 비공식적인 조롱과 핍박이다(참고. 2:12; 3:13-17; 4:14-16). 더욱이 2:13-17에서 베드로는 정부와 통치자들에게 순종하라는 말을 하는데, 이는 교회와 국가 사이에 평화로운 관계가 유지되고 있음을 보여준다. 따라서 이 서신은 네로에 의해서 국가적인 박해가 시작된 주후 64년 이전에 기록되었을 것이다.[9] 더욱이 베드로가 60년대 중반에 로마에서 순교했다는 전승을 받아들인다면, 그가 이 서신을 60년대 초중반(약 63-65년)에 썼다고 추정할 수 있다.

다음으로, 이 서신의 기록장소에 대해서 생각해 보자. 5:13에서 베드로는 "택하심을 함께 받은 바벨론에 있는 교회가 너희에게 문안하고 내 아들 마가도 그리하느니라"라고 말한다. 여기에 이 서신의 기록장소인 '바벨

---

8) J. L. de Villiers, 149.

9) J. L. de Villiers, 150.

론' 이라는 명칭이 나오는데, 이곳을 어디로 보느냐에 따라서 기록장소가 결정될 수 있다. 어떤 학자들은 여기에 나오는 바벨론을 메소포타미아의 바벨론으로 본다. 주후 1세기에 이 도시는 비록 작긴 했지만, 여전히 명성을 유지하고 있는 중요한 도시였다. 하지만 당시에 베드로가 이곳을 방문했을 가능성이 거의 없고, 이곳에 기독교인이 있었을 가능성도 없다. 이에 상당수의 학자는 이 도시를 로마로 본다. 교부들 중에서 이 견해를 지지하는 사람은 유세비우스와 제롬이다. 우리는 초기 유대 문헌에서 바벨론이 로마를 가리킨다는 사실을 발견할 수 있다(참고. *4 Esdras* 3.1, 28, 31).[10] 그리고 요한계시록은 자주 로마를 바벨론이라고 묘사하는데, 이는 로마가 하나님의 백성들을 괴롭히고 박해했기 때문이다(참고. 계 14:8; 17:5; 18:2).[11] 더욱이 교부들의 전승 가운데에는 *클레멘트 1서* 5.3-4에 베드로의 죽음이 진술되어 있다. 그러므로 베드로가 생애의 말년에 로마에 있었을 것이라고 볼 수 있으며, 이에 따라 이 서신의 기록장소를 로마라고 추정할 수 있다.[12]

4. 주요주제

1) 구원의 의미와 그리스도인의 정체성

베드로전서는 삼위 하나님의 구속사역으로 시작된다. 베드로는 성부와 성자와 성령께서 우리의 구원을 위하여 하신 일을 언급함으로써, 우리의 신분이 변화되었으며 우리가 하나님의 유업을 얻을 자녀가 되었다는 사실을 말한다. 그리고 그러한 신분의 변화는 그리스도인의 정체성을 보여주며, 그리스도인이 이 땅에서 살아갈 기초가 된다고 말한다. 특히 베드로는

---

10) 이에 대해서 이 책의 5:13의 본문주해를 보라.

11) J. L. de Villiers, 150.

12) 우리는 베드로의 말년에 관한 정보를 신약성경에서 찾을 수 없다. 다만 요한복음 21:18-19에서 베드로가 순교할 것이라는 암시를 발견할 수 있을 뿐이다.

그리스도의 죽음과 부활이 신자들의 본보기가 되는데, 그리스도가 고난을 겪으신 후에 영광에 들어가신 것처럼, 그리스도를 따르는 이들도 고난을 받은 후에 높임을 받을 것이라고 말한다.[13]

2) 고난과 기쁨

이 서신에서 가장 두드러진 주제는 그리스도인들이 고난과 박해를 참고 견뎌야 한다는 권면이다. 당시에 이 서신을 받은 그리스도인들은 단지 그리스도를 믿는다는 이유로 불신 세상으로부터 고난과 박해를 겪었으며 모욕과 조롱을 당했다. 이에 베드로는 하나님께서 그들을 변호해 주실 것을 믿어야 하며, 하나님의 구원이 그들에게 반드시 임할 것을 확신함으로 환난의 때에 변하지 말고 신실해야 한다고 독려한다. 그리하여 그는 고난 받는 신자들에게 오히려 기뻐하고 즐거워하라고 권면한다. 즉 구원으로 말미암는 산 소망과 하늘에 준비된 영원한 유업을 바라보면서 어려움을 참고 견디며 기뻐하라고 말한다. 더욱이 베드로는 고난에 대한 인내가 신자들을 더욱 단련시켜 줄 뿐만 아니라, 악인들에게 큰 감명을 주어 그들이 주님을 믿는 기회를 만들어 줄 수 있기에 신자들은 고난을 유익하게 생각할 수 있다고 권면한다.

3) 기독론

베드로전서에는 기독론적 칭호들이 다양하게 진술되어 있다.[14] 1:20에는 그리스도의 '선재성'이 명확하게 기술되어 있다. 2:3과 3:15에는 예수님을 향하여 '주'라는 명칭을 붙인다. 이것은 구약의 여호와에 상응하는 표현으로, 그리스도의 신성과 절대성을 잘 드러낸다. 이 서신에서 예수님

---

13) ESV Study Bible.

14) A. B. du Toit, "The Theology of 1 Peter," in A. B. du Toit(ed.), *Guide to the New Testament VI*, Halfway House: NG Kerkboekhandel, 1988, 162-67.

에 대하여 가장 일반적으로 붙이는 칭호는 '그리스도'로서, 모두 12회 등장한다. 그리스도는 구약의 '메시아'에 상응하는 헬라어인데, 이 서신에서 특히 고난 받는 메시아 진술에 사용된다. 또한, 베드로는 2:25에서 예수님을 향하여 '목자'와 '감독'이라는 표현을 사용하면서, 그분이 그리스도인들을 구원하시고 지키시는 분이라고 말한다. 그리고 그는 5:4에서 '목자장'이라는 말을 사용하면서 교회의 지도자들을 향해 권면한다. 그러므로 이 서신에서 예수님은 구원자이시면서, 고난 받는 자의 모범이시고, 신자들을 보호하고 지키시는 분으로 묘사된다.

4) 하나님의 말씀

베드로는 이 서신에서 구약성경을 많이 인용한다. 이 서신에 구약 인용이 많은 것은 베드로가 말하려는 내용을 대단히 효과적으로 뒷받침해 준다. 또한, 베드로는 구약성경에 그리스도의 오심과 하나님의 구원계획이 예언되어 있다는 사실을 말한다. 그리고 말씀의 영원성과 효력을 강조하면서 말씀을 통하여 신자들이 성장할 수 있다는 사실을 언급한다. 우리는 베드로가 성경을 많이 그리고 자유롭게 인용하는 것을 보면서 그가 성경의 중요성을 대단히 강조하고 있는 것에 주목해야 한다. 그리스도인은 말씀을 통해서 하나님을 알 수 있고, 하나님의 뜻을 이해할 수 있으며, 삶의 지침을 얻을 수 있다. 필시 말씀을 부지런히 섭취하는 것은 그리스도인을 성장할 수 있게 한다.

5) 사회, 가정, 교회

베드로는 그리스도인이 적극적으로 선한 일을 행함으로써 하나님의 영광을 드러내야 한다고 권면한다. 그러면서 그는 구체적인 지침을 제시한다. 곧 그리스도인은 정부에 협력해야 하고, 통치자의 명령에 순복해야 한다. 또한, 종은 주인을 존중해야 하며, 아내는 남편에게 순종해야 한다. 물론 이는 주인이 종을 사랑해야 하고, 남편이 아내를 사랑해야 한다는 점을 전제한다. 그리고 베드로는 그리스도를 기초로 하여 교회가 세워졌으며, 하나님의 새로운 언약 백성 하나하나가 교회의 구성원이라고 말한다. 그는 교회의 중요성과 의의를 말하면서, 교회의 지도자가 교인을 잘 목양해야 하며, 모든 교인이 지도자를 존경해야 하며 그의 말에 순종해야 한다고 권면한다. 그리고 교인들에게 다 서로 겸손으로 허리를 동이라고 말한다.

6) 하나님의 심판

이 서신의 주요 모티프 가운데 하나는 심판이다. 베드로는 '예수 그리스도가 나타나실 때' 라는 표현을 자주 사용하는데, 이는 세상 종말의 순간을 의미한다. 베드로는 이날에 하나님께서 공의롭고 정확하게 모든 사람의 행위에 따라 심판하실 것이라고 말한다. 베드로가 심판을 말하는 문맥에서 전달하려는 교훈은 두 가지이다. 하나는 믿는 자들이 심판의 순간에 하나님에게서 칭찬과 영광을 얻을 것이기에 그들에게 닥친 고난을 참아야 하며 선을 행해야 한다는 것이고, 다른 하나는 신자들을 박해한 자들이 그날에 철저한 징계를 받을 것이기에 악한 자들을 오히려 긍휼히 여기고 그들도 믿음의 대열에 참여할 수 있게끔 노력해야 한다는 것이다. 아울러, 베드로는 심판의 현재성도 말한다. 그는 심판이 마지막에 최종적으로 내려질 것이지만, 하나님의 심판이 현재 수행되고 있으므로 하나님을 두려워하고 거룩함을 도모하라고 촉구한다.

5. 구조

베드로전시는 크게 여섯 부분으로 나뉜다. 우선, 명확하게 분류되는 것이 1:1-2에 있는 서두와(단원 I), 5:12-14에 있는 결어(단원 VI)이다. 그리고 1:3-5:11이 본론인데, 이것은 다시 다음과 같이 네 부분(단원 II - 단원 V)으로 나뉜다. 1) 1:3-2:10(단원 II)은 '그리스도인의 정체성'에 대한 진술인데, 여기서 베드로는 구원의 의미를 드러내고, 그리스도인이 어떠한 신분과 지위를 얻었는지를 말한다. 2) 2:11-3:12(단원 III)에는 구원을 받은 그리스도인이 이 세상에서 어떻게 살아야 하는지가 언급되어 있다. 즉 '그리스도인의 사회생활'이 기록되어 있다. 3) 3:13-4:19(단원 IV)에는 이 서신의 주요한 주제 중 하나인 고난에 대한 진술이 있다. 여기서 베드로는 그리스도인이 고난을 받을 때 어떤 자세를 취해야 하는지를 말한다. 4) 5:1-11(단원 V)에서 베드로는 고난의 상황에서 교회가 어떻게 세워지고 유지되어야 하는지를 언급한다.

이러한 구분을 정리하면 다음과 같다.

단원 I. 서두(1:1-2)

단원 II. 그리스도인의 정체성(1:3-2:10)
    1. 구원의 의미(1:3-12)
    2. 구원받은 자의 자세(1:13-25)
    3. 구원받은 자의 성장(2:1-10)

단원 III. 그리스도인의 사회생활(2:11-3:12)
    1. 일반적인 원리와 정부에 대한 태도(2:11-17)
    2. 주인에 대한 태도(2:18-25)
    3. 배우자에 대한 태도(3:1-7)
    4. 이웃에 대한 태도(3:8-12)

단원 IV. 고난에 대한 그리스도인의 자세(3:13-4:19)
    1. 고난을 두려워하지 말라(3:13-22)

본문해설

단원 I _ 서두
(1:1-2)

1:1 예수 그리스도의 사도 베드로는 본도, 갈라디아, 갑바도기아, 아시아와 비두니아에 흩어진 나그네
1:2 곧 하나님 아버지의 미리 아심을 따라 성령이 거룩하게 하심으로 순종함과 예수 그리스도의 피 뿌림을 얻기 위하여 택하심을 받은 자들에게 편지하노니 은혜와 평강이 너희에게 더욱 많을지어다

서두(1:1-2)

1:1 예수 그리스도의 사도 베드로는 본도, 갈라디아, 갑바도기아, 아시아와 비두니아에 흩어진 나그네
1:2 곧 하나님 아버지의 미리 아심을 따라 성령이 거룩하게 하심으로 순종함과 예수 그리스도의 피 뿌림을 얻기 위하여 택하심을 받은 자들에게 편지하노니 은혜와 평강이 너희에게 더욱 많을지어다

〈본문의 위치와 구조〉

1:1-2는 서신의 서두이다. 대부분의 초기 그리스-로마 서신의 서두는 발

신자, 수신자, 인사말의 세 부분으로 구성되어 있었는데, 이 서신 역시 같은 형태를 따르고 있다. 아울러, 초기 기독교 서신의 서두에는 신학적 진술이 덧붙여지는 것이 관례인데, 여기서는 수신자에 이러한 진술이 덧붙여져서 베드로가 이 서신 전체에서 말하고자 하는 의도가 드러난다.[15]

1:1a	발신자
1:1b-2a	수신자
1:2b	인사말

〈본문주해〉

발신자(1:1a)

1a절 _ 베드로는 자신을 발신자로 명기하되, "예수 그리스도의 사도 베드로"라는 표현을 사용한다. 이러한 형태는 바울이 그의 서신을 보낼 때 사용한 것과 유사하다. 여기서 "사도"라는 명칭에 "예수 그리스도의"가 붙여진 것은 독특하다. 신약성경에 나오는 어느 직분에도 이런 수식어가 붙지 않는다는 사실을 고려하면, "사도"라는 직분이 얼마나 고유한 중요성을 가지는지 알 수 있다. 예수님은 그분의 열두 제자들을 "사도들"로 명명하심으로써 이 용어에 더욱 풍부한 의미를 부여하셨다(참고. 눅 6:13). 예수님의 제자였던 이들은 오순절에 성령이 강림하신 후 예수님의 사도의 역할을 감당하기 시작했다(참고. 행 1:25).[16]

---

15) J. Ramsey Michaels, 110-11.

16) Wayne A. Grudem, *1 Peter*, Tyndale New Testament Commentary, 왕인성 역, 서울: CLC, 2014, 71.

"사도"(ἀπόστολος)란 명칭은 '보냄을 받은 자' 라는 뜻인데, 예수님의 열두 제자와 바울과 같은 특정한 집단에 속한 이들을 일컫는 배타적인 용어이다. 즉 아무나 사도로 불릴 수 없다. 사도는 예수님에게서 직접 부르심을 받았으며, 예수님의 행적을 처음부터 마지막까지 목격했고, 예수님이 승천하신 후에 교회의 지도자가 되었다. 사도들은 특별한 권위, 곧 성령의 영감을 받아서 성경을 기록했다. 사도들은 적어도 구약의 선지자들과 같이, 하나님의 말씀을 직접 말하고 쓸 수 있는 자들이어서 그들의 말이 곧 하나님의 말씀이었다(참고. 행 5:3-4; 롬 2:16; 고전 14:37; 벧후 3:16 등).[17]

베드로는 자신을 서신의 발신자로 소개함으로 권위를 드러낸다. 즉 베드로는 서신의 첫머리에 자신을 "예수 그리스도의 사도 베드로"라고 말함으로 서신의 권위와 내용의 신빙성을 강조한다. 베드로가 이 서신의 저자인 정황은 서신 전체에서 두루 발견된다(참고. '서론' 의 '저자'). 이 서신에서 베드로는 예수님에게서 친히 배운 내용과 예수님을 따라 다니면서 목격했던 일을 여러 차례 서술한다. 베드로는 예수 그리스도의 고난을 많이 말하는데, 특히 5:1에서 자신을 "그리스도의 고난의 증인"이라고 언급한다. 그리고 베드로가 5:1-4에서 장로들에게 주는 권면은 그가 요한복음 21:15-17에서 주 예수님으로부터 받았던 사명을 상기시킨다.

베드로는 갈릴리 호수에서 고기를 잡던 어부였으나 예수님의 부르심을 받은 후 사도가 되었다(참고. 눅 5:1-11; 요 1:35-42). 그의 형제 안드레가 그를 예수님께 인도했는데, 그는 혼인한 상태로 아내와 함께 예수님을 따른 것으로 보인다(참고. 막 1:29-31; 고전 9:5). 베드로는 예수님을 가장 가까이에서 보좌했고, 예수님으로부터 많은 것을 배웠으며, 큰 칭찬과 함께 따끔한 책망

---

17) Wayne A. Grudem, 71-72.

을 들었다. 그는 예수님의 공생애 기간에 사도들의 대변인격이었고(참고. 마 10:2), 예수님이 승천하신 후 예루살렘 교회의 지도자로 활약했다(참고. 행 2-5장). 이후에 그는 유대 지역에서 뿐만 아니라, 이방 지역에서도 광범위하게 활동했다(참고. 행 10-11장; 고전 1:12). 한편, 초기 기독교 사회에서 베드로의 사도권이 도전을 받은 적은 없다.

수신자(1:1b-2a)

1b절 _ 이어서 이 서신의 수신자가 언급된다. 그들은 "본도, 갈라디아, 갑바도기아, 아시아와 비두니아에 흩어진 나그네"이다. 이 지역들은 소아시아와 흑해의 경계 지점에 위치해 있다. 베드로가 이 지역을 방문한 적이 있는지, 만일 방문했다면 그때가 언제인지, 혹시 다른 사도들이나 선생들이 이 지역에 가서 복음을 전한 적이 있는지 등은 알려지지 않았다(참고. '서론'의 '수신자'). 그러나 이들은 이미 복음을 들었으며, 그 지역들에 신자 공동체인 교회를 형성했다. 따라서 베드로는 서신을 기록하여 이들에게 보냄으로 목회적인 양육을 하려고 한다.

"흩어진 나그네"(παρεπιδήμοις διασπορᾶς)라는 표현은 모든 신자가 세상에서 나그네와 같은 처지에 있다는 점을 상징적으로 알려줄 뿐만 아니라, 실제로 이 서신의 수신자들이 고향을 떠나 이 지역들에 이주하여 살고 있는 사실을 반영한다(참고. 1:17; 2:11).[18] 베드로가 '디아스포라'(διασπορά)라는 독특한 용어를 사용한 것을 볼 때 수신자들 가운데 유대인들이 많았던 것으로 추정된다(참고. 신 28:25; 30:4; 느 1:9; 시 147:2; 행 2:9-11; 약 1:1). 이는 베드로가 1:18에서 "너희 조상이 물려 준 헛된 행실에서"라고 언급한 것이

---

18) Matthew Poole, 야고보서~요한계시록, Matthew Poole's Commentary, 정충하 역, 서울: 크리스천다이제스트, 2016, 79.

나, 2:12에서 "너희가 이방인 중에서 행실을 선하게 가져"라고 말한 것에 의해서 지지를 받는다. 물론, 이들 가운데는 이방인들도 다소 포함되어 있었을 것이다.[19] 필시 이 서신은 민족주의적인 색채를 가지지 않는다.

2a절 _ 베드로는 이 지역의 신자들에 대해서 다음과 같은 수식을 붙인다. "하나님 아버지의 미리 아심을 따라 성령이 거룩하게 하심으로 순종함과 예수 그리스도의 피 뿌림을 얻기 위하여 택하심을 받은 자들." 베드로는 "흩어진 나그네"를 "택하심을 받은 자들"(ἐκλεκτοῖς)이라고 표현한다.[20] 이것은 구원을 받기로 선택된 사람들을 의미한다(참고. 롬 8:33; 엡 1:4). 그리고 이어서 삼위일체 하나님을 언급하면서 구속사역에 있어서 각 위의 주도적인 역할을 설명한다. 이것은 구원이 하나님의 주권적인 선택과 일방적인 은혜에 의해서 이루어진 것임을 보여준다.

먼저, 성부 하나님이 언급된다. "하나님 아버지의 미리 아심을 따라"라는 표현은 이어 나오는 "택하심을 받은 자들에게"라는 말과 연관된다. 구원은 우발적이거나 즉흥적이거나 무계획적인 것이 아니다. 오히려 구원은 하나님께서 영원 전에 세우신 뜻과 계획에 따라 진행된다. 그러므로 우리가 받은 구원은 충분히 준비된 것이며 값어치가 무궁하다. 한편, 이에 대해서 바울은 로마서 8:29에서 "하나님이 미리 아신 자들을 또한 그 아들의 형상을 본받게 하기 위하여 미리 정하셨으니 이는 그로 많은 형제 중에서

---

19) 이에 대해서, John J. Pilch, " 'Visiting Strangers' and 'Resident Aliens,' " *The Bible Today* 29(1991): 357-61; Colin J. Hemer, "The Address of 1 Peter," *Expository Times* 101(1989): 239-43을 참고하라.

20) 한글성경 개역개정판에는 "택하심을 받은 자들"이라는 표현이 2절에 있지만, 헬라어 원문에는 이 표현(ἐκλεκτοῖς)이 1절에 있다. 1절의 헬라어 원문은 다음과 같다. Πέτρος ἀπόστολος Ἰησοῦ Χριστοῦ ἐκλεκτοῖς παρεπιδήμοις διασπορᾶς Πόντου, Γαλατίας, Καππαδοκίας, Ἀσίας καὶ Βιθυνίας,

맏아들이 되게 하려 하심이니라"라고 말한다.

다음으로, 성령 하나님이 나온다. "성령이 거룩하게 하심으로"라는 표현은 사람이 구원을 받아 거룩하게 되는 것이 사람 스스로의 노력 때문이 아니라 오로지 성령의 역사로 말미암는다는 뜻이다(참고. 살후 2:13). 거룩하게 한다는 말은 전인적인 변화를 의미한다. 사람은 태생적으로 죄인이었고 타락했으나 성령께서 임하시는 순간에 거룩한 사람으로 바뀐다. 그리고 비록 성령에 의하여 거룩하게 된 사람(신자)이라도 순간순간 죄를 짓고 타락할 때가 있지만, 성령께서는 놀라운 자비와 사랑으로 오염된 사람을 씻으시고 타락한 인간을 정결하게 하신다. 따라서 구원과 그 이후의 과정에서 거룩함과 연관된 모든 일은 성령의 사역이다.

마지막으로, 예수 그리스도에 대한 언급이 있다. "순종함과 예수 그리스도의 피 뿌림"에 해당하는 헬라어 본문(εἰς ὑπακοὴν καὶ ῥαντισμὸν αἵματος Ἰησοῦ Χριστοῦ)을 이해하기 쉽게 풀어서 쓰자면 '예수 그리스도에 대하여 순종하기 위하여 그리고 그분의 피로 뿌림을 받기 위하여'가 된다(참고. ESV: for obedience to Jesus Christ and for sprinkling with his blood).[21] 예수 그리스도에 대한 순종함이란 구원 받은 사람이 말씀을 지킴으로 거룩하고 흠이 없어야 한다는 사실을 의미한다(참고. 롬 10:9; 엡 1:4). 그리고 예수 그리스도의 피 뿌림이란 구약시대에 희생 제물의 피가 뿌려지는 것을 상기시켜 주는데(참고. 출 24:4-8), 우리가 그리스도의 피로 정결하게 되는 것과 그를 의지하여 정결한 삶을 계속해서 유지해야 한다는 것을 의미한다. 그러므

---

21) 하지만 J. Ramsey Michaels는 순종함과 피 뿌림 모두를 예수 그리스도에게 연결시키는 것이 헬라어 문법상 적절하지 않다고 보면서, 순종함은 절대적인 용법으로 사용되어서 자원하여 복음을 받아들이고 그것에 의해서 살아가고자 하는 인간의 결단으로 이해하는 것이 좋으며, 피 뿌림은 예수 그리스도와 연결할 수 있다고 주장한다. J. Ramsey Michaels, 122-23.

로 예수님과 관련된 이 문구는 계속된 매일의 순종과 용서를 뜻한다.[22]

인사말(1:2b)

2b절 _ 베드로는 발신자와 수신자를 언급한 데 이어서, 이제 인사말을 한다. 그는 당시 기독교인들이 자주 사용한 "은혜"와 "평강"을 말한다. 비록 베드로가 일상적인 인사 어구를 사용했다 하더라도, 이 단어들은 기독교인들에게 특별한 의미를 가진다. 용어 자체로 볼 때, "은혜"(χάρις)는 헬라식 인사이며, "평강"(εἰρήνη)은 히브리식 인사이다. 따라서 베드로는 이방인과 유대인 모두를 포괄하고자 한다. 그리고 두 단어의 관계 측면에서 볼 때, 은혜는 원인이며, 평강은 결과이다. 즉 하나님이 은혜를 주시면 평안함이 생기는 것이다. 그러므로 은혜와 평강은 하나님에게서 비롯되는 신적인 선물이다. 더욱이 베드로는 "너희에게 더욱 많을지어다"(πληθυνθείη)라고 말함으로 은혜와 평강이 그들에게 더욱 풍성하고 충만하기를 기원한다.

설교자를 위한 지침

1. 베드로전서 설교를 시작하는 시점이기에 베드로전서의 서론을 간략하게 언급할 필요가 있다. 이때 지나치게 학문적인 부분이나 신학적인 논쟁을 소개하는 것은 바람직하지 않다. 서론은 간략하면서도 꼭 필요한 부분만 말하는 것이 좋다.

2. 이 시간에 서신의 전반적인 내용을 설명하는 것도 괜찮다. 이때 설교

---

22) Wayne A. Grudem, 81.

자는 이 서신의 구조적 특징과 흐름과 사상을 개괄적으로 언급함으로써 이 서신을 왜 공부해야 하는지와 이 서신을 공부함으로써 얻는 실제적인 유익이 무엇인지를 설명할 필요가 있다. 특히 서신의 수신자들이 사회적으로 소외된 사람들이라는 점을 염두에 두면서 오늘날 그런 처지에 있는 사람들에 대하여 관심을 가지라고 촉구할 수 있다. 더욱이 이 서신에 고난의 주제가 많이 나오며, 무엇보다도 그리스도의 복음 때문에 고난을 받는 문제가 나오기에 이런 주제를 말할 필요가 있다.

3. 본문에서 가장 중요한 부분은 수신자에 대한 언급에 붙어 있는 신학적 서술이다. 이 서신의 수신자 관련 진술은 다른 서신들의 것보다 훨씬 길고 심오하다. 여기서 베드로는 삼위 하나님을 통한 구원에 대하여 설명한다. 따라서 설교자는 구원에 있어서 삼위 하나님의 역할과 사역을 언급하고, 그것이 우리의 정체성에 어떤 영향을 미치는지를 설명해야 한다. 나아가서 그리스도인의 정체성은 교회의 속성과 방향에 밀접하게 연결되기에 본문을 통해서 교회가 가는 길이 무엇이어야 하는가를 말할 수 있다.

단원 II _ 그리스도인의 정체성
(1:3-2:10)

1:3 우리 주 예수 그리스도의 아버지 하나님을 찬송하리로다 그의 많으신 궁휼대로 예수 그리스도를 죽은 자 가운데서 부활하게 하심으로 말미암아 우리를 거듭나게 하사 산 소망이 있게 하시며

1:4 썩지 않고 더럽지 않고 쇠하지 아니하는 유업을 잇게 하시나니 곧 너희를 위하여 하늘에 간직하신 것이라

1:5 너희는 말세에 나타내기로 예비하신 구원을 얻기 위하여 믿음으로 말미암아 하나님의 능력으로 보호하심을 받았느니라

1:6 그러므로 너희가 이제 여러 가지 시험으로 말미암아 잠깐 근심하게 되지 않을 수 없으나 오히려 크게 기뻐하는도다

1:7 너희 믿음의 확실함은 불로 연단하여도 없어질 금보다 더 귀하여 예수 그리스도께서 나타나실 때에 칭찬과 영광과 존귀를 얻게 할 것이니라

1:8 예수를 너희가 보지 못하였으나 사랑하는도다 이제도 보지 못하나 믿고 말할 수 없는 영광스러운 즐거움으로 기뻐하니

1:9 믿음의 결국 곧 영혼의 구원을 받음이라

1:10 이 구원에 대하여는 너희에게 임할 은혜를 예언하던 선지자들이 연구하고 부지런히 살펴서

1:11 자기 속에 계신 그리스도의 영이 그 받으실 고난과 후에 받으실 영광을 미리 증언하여 누구를 또는 어떠한 때를 지시하시는지 상고하니라

1:12 이 섬긴 바가 자기를 위한 것이 아니요 너희를 위한 것임이 계시로 알게 되었으니 이것은 하늘로부터 보내신 성령을 힘입어 복음을 전하는 자들

로 이제 너희에게 알린 것이요 천사들도 살펴 보기를 원하는 것이니라

1:13 그러므로 너희 마음의 허리를 동이고 근신하여 예수 그리스도께서 나타나실 때에 너희에게 가져다 주실 은혜를 온전히 바랄지어다

1:14 너희가 순종하는 자식처럼 전에 알지 못할 때에 따르던 너희 사욕을 본받지 말고

1:15 오직 너희를 부르신 거룩한 이처럼 너희도 모든 행실에 거룩한 자가 되라

1:16 기록되었으되 내가 거룩하니 너희도 거룩할지어다 하셨느니라

1:17 외모로 보시지 않고 각 사람의 행위대로 심판하시는 이를 너희가 아버지라 부른즉 너희가 나그네로 있을 때를 두려움으로 지내라

1:18 너희가 알거니와 너희 조상이 물려 준 헛된 행실에서 대속함을 받은 것은 은이나 금 같이 없어질 것으로 된 것이 아니요

1:19 오직 흠 없고 점 없는 어린 양 같은 그리스도의 보배로운 피로 된 것이니라

1:20 그는 창세 전부터 미리 알린 바 되신 이나 이 말세에 너희를 위하여 나타내신 바 되었으니

1:21 너희는 그를 죽은 자 가운데서 살리시고 영광을 주신 하나님을 그리스도로 말미암아 믿는 자니 너희 믿음과 소망이 하나님께 있게 하셨느니라

1:22 너희가 진리를 순종함으로 너희 영혼을 깨끗하게 하여 거짓이 없이 형제를 사랑하기에 이르렀으니 마음으로 뜨겁게 서로 사랑하라

1:23 너희가 거듭난 것은 썩어질 씨로 된 것이 아니요 썩지 아니할 씨로 된 것이니 살아 있고 항상 있는 하나님의 말씀으로 되었느니라

1:24 그러므로 모든 육체는 풀과 같고 그 모든 영광은 풀의 꽃과 같으니 풀은 마르고 꽃은 떨어지되

1:25 오직 주의 말씀은 세세토록 있도다 하였으니 너희에게 전한 복음이 곧 이 말씀이니라

2:1 그러므로 모든 악독과 모든 기만과 외식과 시기와 모든 비방하는 말을 버리고

2:2 갓난 아기들 같이 순전하고 신령한 젖을 사모하라 이는 그로 말미암아 너희로 구원에 이르도록 자라게 하려 함이라

2:3 너희가 주의 인자하심을 맛보았으면 그리하라

2:4 사람에게는 버린 바가 되었으나 하나님께는 택하심을 입은 보배로운 산 돌이신 예수께 나아가

2:5 너희도 산 돌 같이 신령한 집으로 세워지고 예수 그리스도로 말미암아 하나님이 기쁘게 받으실 신령한 제사를 드릴 거룩한 제사장이 될지니라

2:6 성경에 기록되었으되 보라 내가 택한 보배로운 모퉁잇돌을 시온에 두노니 그를 믿는 자는 부끄러움을 당하지 아니하리라 하였으니

2:7 그러므로 믿는 너희에게는 보배이나 믿지 아니하는 자에게는 건축자들이 버린 그 돌이 모퉁이의 머릿돌이 되고

2:8 또한 부딪치는 돌과 걸려 넘어지게 하는 바위가 되었다 하였느니라 그들이 말씀을 순종하지 아니하므로 넘어지나니 이는 그들을 이렇게 정하신 것이라

2:9 그러나 너희는 택하신 족속이요 왕 같은 제사장들이요 거룩한 나라요 그의 소유가 된 백성이니 이는 너희를 어두운 데서 불러 내어 그의 기이한 빛에 들어가게 하신 이의 아름다운 덕을 선포하게 하려 하심이라

2:10 너희가 전에는 백성이 아니더니 이제는 하나님의 백성이요 전에는 긍휼을 얻지 못하였더니 이제는 긍휼을 얻은 자니라

1. 구원의 의미(1:3-12)

1:3 우리 주 예수 그리스도의 아버지 하나님을 찬송하리로다 그의 많으신 긍휼대로 예수 그리스도를 죽은 자 가운데서 부활하게 하심으로 말미암아 우리를 거듭나게 하사 산 소망이 있게 하시며

1:4 썩지 않고 더럽지 않고 쇠하지 아니하는 유업을 잇게 하시나니 곧 너희를 위하여 하늘에 간직하신 것이라

1:5 너희는 말세에 나타내기로 예비하신 구원을 얻기 위하여 믿음으로 말미암아 하나님의 능력으로 보호하심을 받았느니라

1:6 그러므로 너희가 이제 여러 가지 시험으로 말미암아 잠깐 근심하게 되지 않을 수 없으나 오히려 크게 기뻐하는도다

1:7 너희 믿음의 확실함은 불로 연단하여도 없어질 금보다 더 귀하여 예수 그리스도께서 나타나실 때에 칭찬과 영광과 존귀를 얻게 할 것이니라

1:8 예수를 너희가 보지 못하였으나 사랑하는도다 이제도 보지 못하나 믿고 말할 수 없는 영광스러운 즐거움으로 기뻐하니

1:9 믿음의 결국 곧 영혼의 구원을 받음이라

1:10 이 구원에 대하여는 너희에게 임할 은혜를 예언하던 선지자들이 연구하고 부지런히 살펴서

1:11 자기 속에 계신 그리스도의 영이 그 받으실 고난과 후에 받으실 영광을 미리 증언하여 누구를 또는 어떠한 때를 지시하시는지 상고하니라

1:12 이 섬긴 바가 자기를 위한 것이 아니요 너희를 위한 것임이 계시로 알게 되었으니 이것은 하늘로부터 보내신 성령을 힘입어 복음을 전하는 자들로 이제 너희에게 알린 것이요 천사들도 살펴 보기를 원하는 것이니라

〈본문의 위치와 구조〉

여기서부터 서신의 본론이 시작된다. 베드로전서의 거시구조(macro-structure)에서 1:3-2:10은 '그리스도인의 정체성'(identity)에 대한 진술이다. 이 단원에서 베드로는 구원의 의미(1:3-12), 구원받은 자의 자세(1:13-25), 그

리고 구원받은 자의 성장(2:1-10)에 대하여 말한다. 이러한 서설은 '그리스도인의 정체성'에 대한 분명한 정의가 된다. 그리고 앞으로 논의할 모든 내용의 확고한 '신학적 기초'(theological foundation)가 된다.

1:3-12에서 베드로는 그리스도인이 받은 구원 받은 사람이 어떤 결과를 가지게 되었는지를 말한다.[23] 그는 구원의 유익으로 살아 있는 소망, 하늘의 유업, 하나님의 보호하심을 말한다. 또한, 구원 받은 사람이 고난을 받을 수 있지만, 고난이란 여러 면에서 유이하기에 참고 견디야 하고, 오히려 이때 기뻐해야 한다고 권면한다. 그리고 구원의 역사적 측면을 말하는데, 구원이란 하나님께서 계획하신 것으로서, 구약의 선지자들이 이러한 사실을 증언했다고 말한다. 앞으로 본문을 살펴보면 드러나겠지만, 이러한 주제들은 이 서신 전체에서 발전되며 강화된다.

1:3-5	구원받은 자가 얻게 된 것
1:6-9	구원받은 자는 고난 중에도 기뻐함
1:10-12	구원은 하나님의 계획 성취임

〈본문주해〉

구원받은 자가 얻게 된 것(1:3-5)

3절 _ 3-5절은 구원의 의미와 구원받은 자가 얻게 된 것이 무엇인지를

---

23) 흥미롭게도, 이 단락의 세부 구조는 삼위일체론적 성격을 가진다. 즉 베드로는 1:2에서 삼위 하나님에 의해 성취된 구원에 대해서 말하면서, 각 위의 주도적인 성격을 드러냈는데, 1:3-12에서 삼위 하나님 각 위의 역할을 상세히 진술한다. 이는 다음과 같다. 1:3-5: 성부, 1:6-9: 성자, 1:10-12: 성령.

가르쳐준다. 베드로는 서두를 마치자마자 "찬송하리로다"(εὐλογητός)라는 문구를 사용하여 본론을 시작하는데, 이는 신약 서신서의 전형적인 패턴이다(참고. 고후 1:3; 엡 1:3). 베드로가 찬송하는 대상은 "우리 주 예수 그리스도의 아버지 하나님"이시다. 여기서 하나님과 예수님이 함께 나오는 것은 이제 언급할 구원의 사역에서 하나님과 그분의 아들 예수님이 함께 일하셨기 때문이다. 즉 하나님은 아들 예수님을 보내셨고, 예수님은 아버지 하나님께 순종하셔서 세상에 오셨다(참고_ 요 3:18; 5:19). 이제 베드로는 하나님께서 인간을 구원하신 일을 자세히 말한다.

먼저, 베드로는 구원의 동기(이유)를 말하는데, 그것은 "그의 많으신 긍휼대로"라는 표현에 들어 있다. 이 표현은 인간이 완전히 타락하여 무능해졌는데, 하나님께서 큰 사랑과 자비를 베푸셔서 구원하셨음을 뜻한다. 즉 인간에게는 아무런 가치나 자랑할 만한 것이나 구원 받을 만한 자격이 없는데, 하나님께서 인간을 사랑하셔서 구원해 주신 것이다. 이에 대해서 바울은 다음과 같이 말한다. "우리를 구원하시되 우리가 행한 바 의로운 행위로 말미암지 아니하고 오직 그의 긍휼하심을 따라 중생의 씻음과 성령의 새롭게 하심으로 하셨나니 우리 구주 예수 그리스도로 말미암아 우리에게 그 성령을 풍성히 부어 주사 우리로 그의 은혜를 힘입어 의롭다 하심을 얻어 영생의 소망을 따라 상속자가 되게 하려 하심이라"(딛 3:5).

베드로는 또한 구원의 방법을 제시하는데, 그것은 하나님이 "예수 그리스도를 죽은 자 가운데서 부활하게 하심으로 말미암아" 이루어졌다(참고. 행 2:33-35). 이 말은 예수님의 부활이 우리의 구원을 가능하게 했다는 뜻이다. 인간은 죄악으로 말미암아 죽을 수밖에 없던 자들이며, 사실상 이미 죽었던 자들이다. 그러나 하나님은 예수님을 다시 살리심으로써 잠자는 자들의 첫 열매가 되게 하셨다(참고. 고전 15:20). 곧 예수님의 부활을 통하여 모든 죽은 자들이 살아날 수 있는 토대를 마련하신 것이다. 이렇게 하여 하나님은 우리가 예수님과 함께 죽고 예수님과 함께 살게 하셔서 예수님과 함께 하늘에 앉게 하셨다(참고. 엡 2:1-6).

그러면 구원의 결과는 무엇인가? 베드로는 예수님의 부활로 말미암아 우리에게 "산 소망"(εἰς ἐλπίδα ζῶσαν : living hope)이 있게 하셨다고 말한다.[24] 즉 '살아나신 예수님'을 통하여 '살아있는 소망'이 생겼다는 것이다(참고. 시 43:5; 살후 2:16). 이 서신의 수신자들은 소망이 없는 삶을 살고 있었다. 그들은 이 세상에서 당하는 고난과 박해와 모욕으로 지치고 상한 가운데 있었다. 그런데 베드로는 그들이 구원을 받아 산 소망을 가지게 되었다고 말함으로 그들의 고귀한 신분과 희망찬 미래를 말한다. 더욱이 베드로는 단지 '소망'을 말하지 않고 '살아 있는 소망'이라고 말하는데, 이는 이 소망이 그리스도의 살아나심으로 가능해졌기 때문이다.

이 구절에서 "거듭나게 하사"(ἀναγεννήσας : begotten anew)라는 문구는 능동태 아오리스트 분사(active aorist participle) 형태로 되어 있다. 이것은 하나님의 행동을 주체적으로 강조한다.[25] 곧 구원은 전적으로 하나님이 하시는 일이며, 구원에 있어서 인간의 공로는 철저히 배제된다. 이런 사상은 이미 2절에 나와 있다. 베드로는 2절에서 삼위 하나님이 주권적으로 주도하시는 구원 사역을 상세히 서술했다. 이후 23절에서 그는 다시 거듭남에 대해서 말할 것이다. 하나님은 초자연적인 방법으로 우리를 거듭나게 하셔서 하늘나라의 백성이 되게 하셨다.

---

24) 이에 대해서, Daniel Kendall, "On Christian Hope: 1 Peter 1:3-9," *Interpretation* 41(1987): 66-71을 참고하라.

25) 동사 ἀναγεννάω는 신약성경에서 오직 여기서와 1:23에서만 사용되었다. Donald P. Senior, 31.

그런데 서신의 앞부분에 이런 구원론적 진술이 나오는 것은 베드로전서 수신자들의 상황에 대한 고려 때문이다. 그들은 믿지 않는 사람들의 조롱과 멸시를 받고 있었다. 참으로, 그들은 낙담하고 절망하고 의심할 수밖에 없는 환경에 처해 있었다. 그러나 그들은 자신들에게 소망이 있음을 알아야 한다. 그들은 예수님의 부활이 자신들의 부활의 보증이 되었다는 사실을 믿어야 한다. 이를 기억하면서 그들은 사람들에게서 받는 박해를 참아야 할 뿐만 아니라, 심지어 죽음조차도 두려워하지 말아야 한다. 다시 살아나신 예수님은 그들을 다시 살리실 것이기 때문이다.

4절 _ 베드로는 구원의 결과로 얻은 산 소망을 하나님의 "유업"(κληρονομία)으로 연결한다. "유업"이란 아버지가 죽으면서 아들에게 남겨주는 것이다. 원래 구약에서 유업은 아브라함에게 약속하신 땅을 뜻했다(참고. 창 12:7). 하나님은 아브라함에게 가나안 땅을 주시고 그의 자손을 바다의 모래와 하늘의 별처럼 많게 하겠다고 약속하셨다. 그래서 아브라함을 비롯한 족장들의 역사는 유업을 차지하고 지키려는 노력의 역사였다. 그런데 신약에서 유업은 하나님의 나라를 가리킨다. 즉 아브라함에게 약속하신 땅은 궁극적으로 하나님의 나라를 상징한다.

베드로는 하나님께서 우리를 거듭나게 하심으로 우리가 하나님의 유업을 잇게 되었다고 말한다(참고. 민 18:20; 엡 1:11; 히 9:15). 그러면 누가 아버지의 유업을 받을 수 있는가? 아버지의 유업을 얻을 자는 아들이다(참고. 롬 8:17; 갈 4:7). 따라서 우리가 하나님의 유업을 얻게 되었다는 것은 우리가 하나님의 아들이 되었다는 뜻이다. 원칙적으로 유업은 미래에 얻는 것과 관련이 있다. 그런데 신약에서는 예외적인 경우이긴 하지만 살아있는데도 유언장에 유업을 기입해 놓는 경우를 소개한다(참고. 눅 15:11 이하). 이처럼 신자는 지금 살아 있을 때 장차 받을 유업의 보장을 받았다. 유업은 "산 소망"과

관련하여 우리의 것으로 정해져 있다.[26]

베드로는 하나님이 주시는 유업의 특징을 서술한다. 그것은 썩지 않고 (ἄφθαρτον : immortal, 참고. *Wisdom of Solomon* 12.1; 롬 1:23; 딤전 1:17; 고전 15:52), 더럽지 않고(ἀμίαντον : undefiled, 참고. *Wisdom of Solomon* 3.12; 히 13:4; *2 Maccabees* 14.36; 15:34), 쇠하지 아니한다(ἀμάραντον : unfading, 참고. *Wisdom of Solomon* 6.12; 벧전 5:4).[27] 이 세상의 유업은 썩고 더럽혀지고 쇠하지만, 하나님의 유업은 그러한 세상의 속성을 전혀 가지지 않는다. 즉 하나님의 유업은 이 세상의 유업과 완전히 다르다(참고. 사 40:8). 그러므로 신자들은 하나님의 유업의 가치를 신뢰할 수 있고 그것을 소망할 수 있다.

하나님의 유업은 하나님의 자녀들을 위하여 하나님의 나라(하늘나라)에 간직되어 있다. 여기서 "간직하신 것이라"(τετηρημένην)는 헬라어 단어는 완료 수동태 분사로 되어 있어서 과거에 하나님에 의하여 완결된 행위가 여전히 현재에까지 지속되고 있는 결과를 수반한다는 사실을 나타낸다(참고. 벧후 2:17).[28] 하나님의 유업은 빼앗길 염려가 없으며 상하거나 없어질 가능성이 없다. 그것은 일시적이지 않고 영구적이다. 하나님은 가장 안전한 장소에 그 유업을 두셔서 신자가 그 나라에 이르렀을 때 그 유업을 영원히 누릴 수 있게 하신다. 그러므로 신자의 삶은 미래를 지향한다. 그리고 성령께서는 이 땅을 살아가는 신자에게 유업을 보증하신다(참고. 엡 1:14). 신자는 지금 이 땅에서 집 없는 나그네처럼 살지만, 이후 하늘나라에 가면 아름다운 집에서 영생 복락을 누릴 것이다.

---

26) 오광만, *베드로전서 어떻게 읽을 것인가?*, 서울: 그리심, 2014, 42.

27) Donald P. Senior, 31-32.

28) Wayne A. Grudem, 88-89.

5절 _ 베드로는 계속해서 미래의 소망에 관하여 말한다. "너희는 말세에 나타내기로 예비하신 구원을 얻기 위하여 믿음으로 말미암아 하나님의 능력으로 보호하심을 받았느니라." 신약성경에서 "말세"란 예수 그리스도가 오신 때부터 다시 오실 때까지를 의미한다. 따라서 이 시기는 성도들이 살고 있는 시대를 의미한다. "말세에 나타내기로 예비하신 구원"이란 구원의 미래성, 즉 최종적인 구원 혹은 완결된 구원을 뜻한다. 하나님은 구원하시기로 선택하신 자들을 그분의 때에 구원하시며, 그 구원을 취소하거나 돌이키지 않으시며 끝까지 유지하신다. 그리하여 하나님의 자녀들은 마지막 날에 종국적인 구원을 받는다. 필시 말세에 악인은 심판을 받지만, 의인은 구원을 받는다. 따라서 지금 고난을 받고 있는 신자들은 절망할 필요가 없다.

"믿음으로 말미암아"라는 표현은 하나님의 유업을 받기 위한 유일한 조건이다. 따라서 하나님께 나아가는 자는 하나님이 반드시 계시는 것과 하나님이 그분을 찾는 자들에게 상을 주시는 분임을 믿어야 한다(참고. 히 11:6). 믿음이 없이는 구원을 받지 못하므로 하나님의 자녀가 되지 못한다. 그런데 믿음은 인간의 행위나 공적을 뜻하지 않는다. 믿음은 하나님이 그분의 은혜로 말미암아 주시는 선물이다. 즉 성령께서 사람의 마음에 믿게 해 주셔야 믿을 수 있지 사람 자신이 판단하고 선택해서 믿을지 안 믿을지를 결정할 수 있는 것이 아니다. 따라서 인간은 구원 받은 것을 자랑할 수 없다(참고. 엡 2:8-9).

"하나님의 능력으로 보호하심을 받았느니라"에서 "보호하심을 받았느니라"(φρουρουμένους)는 군사용어이다. 이처럼 성경은 종종 군사은유를 사용하여 하나님이 우리를 지키시는 분임을 강조한다. 그런데 이 단어는 한글성경 개역개정판에서는 과거형으로 되어 있지만, 헬라어 원문에서는 현재시제 분사 형태로 되어 있다. 따라서 베드로는 우리가 '지금 여기서 계속하여' 하나님의 보호를 받고 있음을 말한다.[29] 하나님은 전능하신 능력과 전지하신 지혜로 우리를 지키신다. 그리하여 구원받은 사람은 끝까지 보존된다(참고. 롬 8:31-39). 여기서 '성도의 견인'(perseverance)의 교리가 나오는데, 분명히 구원은 인간의 신실함에 근거하지 않고 하나님의 신실함에 근거한다.

구원받은 자는 고난 중에도 기뻐함(1:6-9)

6절 _ 문장 첫머리의 "그러므로"(ἐν ᾧ)는 이 구절이 3-5절에 있는 내용과 연관된다는 점을 보여준다. 앞의 구절들에서 베드로는 그리스도인들이 구원을 받음으로 어떤 결과를 얻게 되었는지를 말했다. 특히 그는 신자들이 말세에 나타날 구원을 내다보아야 하며, 하나님이 지금 그들을 보호하시는 것을 깨달아야 한다고 말했다. 이에 베드로는 이 구절에서 "그러므로" 그리스도인들이 여러 가지 시험으로 말미암아 잠깐 근심하게 되지 않을 수 없으나 오히려 크게 기뻐한다고 말한다. 여기서 "기뻐하는도다"에 해당하는 헬라어 단어 '아갈리아오'(ἀγαλλιάω)는 세속의 헬라 문화권의 저술가들에 의해서는 사용되지 않은 동사이다. 그리고 이 단어는 신약성경에서 깊은 영적인 기쁨과 하나님 안에서와 그분이 행하신 일 안에서의 기쁨을 묘사할 때 사용되었다(참고. 눅 1:46-47).[30] 따라서 베드로는 신자가 구원받았다는 보증과 그것에 관한 확신이 현재 당하는 고난을 극복하게 하

---

29) 이 구절의 의미에 대해서 Peter H. Davids는 다음과 같이 말한다. "Not only is the inheritance protected by God, but they are also 'kept' or 'guarded' themselves. There is a conscious balance between God's action in heaven, protecting their future, and his action on earth, protecting them in the present." Peter H. Davids, 53.

30) Wayne A. Grudem, 92-93.

는 동력이 되며, 나아가서 기뻐할 수 있는 근거와 이유가 된다고 말한다.

베드로전서에서 "시험"(πειρασμοîς: trials)이란 단어는 주로 기독교인들을 적대시하는 불신자들의 핍박을 뜻한다(참고. 4:12). 하지만 베드로가 신자들에게 시험을 주는 대상이나 성격을 적시하지 않은 것은 이미 그들이 누구인지 다들 잘 알고 있기 때문이다.[31] 이 서신에서 베드로는 시험이라는 용어를 더욱 넓은 의미에서 사용하여 신자가 살아가면서 겪는 온갖 종류의 '고난'을 통칭하는 것으로 본다. 특히 베드로는 "여러 가지 시험"이라고 하여 신자가 이 땅에서 살면서 겪는 수많은 다양한 어려움을 인지한다. 즉 시험을 당시의 상황에 제한하지 않고 더욱 포괄한다. "잠깐"(ὀλίγον)이란 단어는 우리가 이 세상에서 사는 전체 기간을 의미한다. 비록 우리가 이 세상에서 오래 사는 것같이 보여도, 그것은 하늘나라에서 영원히 사는 것과 비교할 때 짧은 기간이다. "기뻐하는도다"(ἀγαλλιᾶσθε : rejoice)라는 단어는 명령법(imperative)이 아니라 직설법(indicative)으로 보아야 한다.[32] 이것은 그리스도인들이 고난을 겪는 중에 기뻐하는 것이 자연스러우며 당연하다는 사실을 반영한다.

결국, 베드로의 메시지는 다음과 같다. 우리는 여전히 악이 지배하는 이 세상에 살고 있기 때문에 여러 가지 시험을 많이 만나고 그에 따라 근심하게 되지 않을 수 없다. 하지만 우리는 궁극적으로 하늘에 속한 자들로서 하나님의 보호를 받고 있기 때문에 시험 중에도 기뻐할 수 있다. 비록 환경이 개선되지 않고 시험이 여전히 우리 가운데 존재한다 하더라도, 우리

---

31) Peter H. Davids, 56.

32) ἀγαλλιᾶσθε 가 second person plural present이기에 indicative와 imperative 둘 다 가능하지만, 대부분의 주석가들은 이것을 indicative로 본다. 왜냐하면, 아직 베드로가 그리스도인들에 대해 권면을 하지 않고 있기 때문이다. Donald P. Senior, 32. 베드로전서의 거시구조상 그리스도인들에 대한 권면은 2:11 이후에 나온다.

가 받은 은혜의 놀라운 정도를 생각해 보면 현재 겪는 시험은 아무것도 아니다. 더욱이 시험이란 잠깐 겪는 것이다. 우리는 하늘나라에서 영원히 살도록 약속되어 있기에 이 땅에서 잠시 겪는 어려움을 능히 견딜 수 있다. 이처럼 시험을 이길 힘은 우리가 받은 구원에 대한 깨달음과 감격에서 온다. 너무나 크고 거대한 구원을 생각하면 비록 고난이 온다 하더라도 즐거워하고 기뻐할 수밖에 없다.

7절 _ 베드로는 이어서 시험의 목적을 말한다. 즉 여기서 베드로는 성도들에게 고난을 당하도록 허용하시는 하나님의 목적이 무엇인지?, 그리고 성도들이 고난을 당한 결과 얻게 되는 유익이 무엇인지를 알려준다.[33] 이는 헬라어 원문의 문장 첫머리에 목적 혹은 이유를 나타내는 접속사 '히나'(ἵνα)가 있는 것을 통해서 알 수 있다(NIV: these have come so that …). 여기서 베드로는 금과 믿음을 대조한다. 불은 금의 불순물을 제거하여 순수한 금(purging [δοκίμιον] of gold)을 만든다. 하지만 아무리 좋은 금이라도 결국 없어진다. 반면에 시험은 믿음의 불순물을 제거하여 순수한 믿음(genuineness [δοκιμαξομένου] of faith)을 만든다. 그리고 이러한 순수한 믿음은 금보다 더 귀하다. 그러므로 시험의 목적은 그리스도인들의 믿음을 순결하게 하고 강하게 하는 것이다(참고. 4:12).

"예수 그리스도께서 나타나실 때에"란 문구는 예수 그리스도의 재림을 가리킨다. 부활하신 후 하늘로 올라가신 예수님은 언젠가 구원자이시면서 동시에 심판자로 이 땅에 다시 오실 것이다. 그런데 예수님은 구원받은 하나님의 백성들에게 구원과 더불어 상을 주실 것이다. 즉 '칭찬'(praise)과 '영광'(glory)과 '존귀'(honor)를 주실 것이다. 성경에서 칭찬과 영광과 존귀

---

33) 오광만, 54.

는 하나님께 드려지기도 하고, 하나님의 은혜를 받은 사람에게 돌려지기
도 한다(참고. 롬 2:29; 8:17; 고전 4:5; 골 3:4; 계 5:13). 그리고 성경에서 칭찬과 영
광과 존귀는 여러 다양한 형태와 조합으로 언급된다. 따라서 이 단어들 자
체의 의미에 치중할 것이 아니라 이 단어들이 하나님의 특질과 연관되는
측면을 주목해야 한다. 결국, 칭찬과 영광과 존귀는 대단히 값지다. 특히
"얻게 할 것이니라"(εὑρεθῇ)는 수동태 아오리스트로 되어 있어서 하나님
의 주권적이고 분명한 행위를 강조한다.

7절과 같은 방식의 이러한 대조는 우리의 믿음의 성질에 대한 좋은 통
찰을 준다. 즉 우리의 믿음에는 불순물이 많이 들어 있으며, 시험은 우리
의 믿음에 들어있는 불순물을 제거해 주어서 우리의 믿음을 더욱 순수하
게 만들어 준다는 것이다(참고. 시 66:10; 사 48:10). 따라서 시험은 우리에게 매
우 유익하다고 할 수 있다. 아울러, 시험은 금보다 귀하다. 금은 언젠가 없
어지지만, 믿음은 영원히 없어지지 않는다. 그리고 우리가 시험을 견디며
보존한 믿음은 결국 예수 그리스도께서 나타나실 때에 우리로 하여금 칭
찬과 영광과 존귀를 얻게 할 것이다. 그러므로 시험을 당할 때 불평하거나
원망할 것이 아니다. 오히려 시험에 감사하고 시험 당할 때 즐거워해야 한
다. 이에 야고보는 "내 형제들아 너희가 여러 가지 시험을 당하거든 온전
히 기쁘게 여기라"라고 말했다(약 1:2).

8절 _ 이 서신의 수신자들은 예수님을 보지 못했다.[34] 예수님을 보지 못
하고 믿는 것은 쉬운 일이 아니다. 그것은 끊임없는 의심을 일으킨다. 하
지만 수신자들은 베드로의 말씀 사역을 통해 예수님을 본 것과 같은 경험

---

34) 예수님을 직접 보지 못했지만 승천하신 예수님을 믿는 것에 관한 주제는 신약성경
에서 빈번하게 발견된다(참고. 막 15:32; 요 4:48; 6:30; 20:29; 고전 2:9; 고후 4:18; 5:7; 히 11:1,
3). Donald P. Senior, 33.

을 가진다. 하나님의 말씀은 예수님의 '현존'(presence)을 가능하게 한다. 부활하셔서 승천하신 예수님은 세상에 계시지 않으나 말씀으로 여전히 세상에 존재하신다. 따라서 신자는 말씀을 부지런히 연구함으로 예수님을 경험할 수 있다. 말씀을 들은 자는 예수님을 본 것과 같은 경험을 가지기 때문에 결국 예수님을 알고 사랑하게 된다.

"이제도 보지 못하나"라는 표현은 베드로전서가 기록될 당시 사람들의 형편을 반영하지만, 나아가서 모든 시대 모든 사람의 형편을 반영한다. 우리는 지금 예수님의 몸을 눈으로 보지 못한다. 사실 과거에도 예수님을 눈으로 볼 수 있었던 이들은 소수에 불과했다. 대부분의 신자들과 교회들은 눈으로 주님을 보지 못했으며, 지금도 볼 수 없다. 그렇다면 우리는 어떻게 예수님을 만날 수 있는가? 베드로는 이 문구에 이어서 '믿음'을 말한다. 이것은 예수님을 육체의 눈으로는 보지 못하지만 믿음으로 볼 수 있다는 뜻이다(참고. 고후 5:7; 히 11:1). 더욱이, 앞에서 말했다시피, 오늘날 우리는 말씀(성경)이라는 매개체를 통하여 예수님을 볼 수 있다. 즉 우리는 말씀을 믿음으로 예수님을 눈으로 보는 것과 같은 효과를 얻을 수 있다.

예수님을 육체의 눈으로 보지 못했음에도 불구하고 믿는 사람들은 "말할 수 없는 영광스러운 즐거움으로 기뻐"한다. 이 서신의 수신자들이 큰 어려움과 시험에 직면해 있는 것을 고려할 때 보이지 않는 예수님을 믿음으로 보고 기뻐한다는 언급은 의미심장하다. 베드로는 그리스도인들이 보이는 현실에 의존하는 존재가 아니라, 영원하고 불변하는 진리에 의존하는 존재임을 가르치려고 한다. 이에 베드로는 6절에서 '기쁨'을 말했고, 7절에서 '영광'을 말했는데, 8절에서 '영광스러운 즐거움으로 기뻐함'을 말함으로 신자들이 누리는 특권을 강조한다. 미래에 대한 소망이 그리스도인들에게 기쁨이 되는 것은 당연하지만, 지금 현재 어려움을 당하는 가

운데 그리스도와 인격적인 관계를 가지고 매일 사귐을 갖는 것 역시 말할 수 없는 기쁨이다.[35]

9절 _ 베드로는 기쁨의 이유를 말한다. 신자가 고난과 역경을 겪으면서도 말할 수 없는 기쁨을 경험하는 이유는 무엇인가? 그것은 우리가 "믿음의 결국"(τέλος : goal) 곧 "영혼의 구원"을 받기 때문이다. 믿음의 결과 혹은 목표는 영혼의 구원이다. 그런데 여기서 '영혼'(ψυχή)이란 용어는 '육체'와 대조되는 개념이 아니다. 베드로전서에서 영혼은 '전인'(全人), 곧 '전 인격적인 존재로서의 인간'(whole person as a living being)을 의미한다(참고. 1:22; 2:11, 25; 3:20; 4:19). 따라서 "영혼의 구원"이란 포괄적인 개념으로서 인간의 온전한 구원을 지칭한다.[36]

그리고 이 구절에서 "받음이라"(κομιζόμενοι)는 단어는 현재분사 형태로 되어 있어서 지금 지속적으로 구원을 받고 있는 것을 뜻한다. 특히 이것은 구원의 복을 점진적으로 받으면서 성화하는 것을 의미한다. 실로 그리스도인은 완전한 구원에 이르기까지 계속해서 구원의 은덕을 누린다. 성도들에게 있어서 '나는 구원을 받았다'(I have been saved)는 말은 '나는 (죄에서) 구원을 받고 있다'(I am being saved)는 말(참고. 빌 2:12)과 '나는 (장차) 구원을 받을 것이다'(I will be saved)라는 말과 함께 써야 완전하다. 구원은 구원의 모든 복을 가리키며, 현재 소유하는 것과 더불어 미래에 받는 것을 포괄한다.[37]

---

35) 오광만, 57.

36) Donald P. Senior, 33.

37) 오광만, 58.

구원은 하나님의 계획의 성취임(1:10-12)

10절 _ 베드로는 10-12절에서 구원의 역사적인 측면을 말한다. 여기서 베드로는 수신자들이 받은 구원이 구약에서 이미 예언되었다는 사실을 말함으로 그들의 구원이 이미 하나님에 의해서 계획된 것임을 말하려고 한다. 아울러 베드로는 수신자들이 지금 가지고 있는 영적인 복이 구약의 선지자들이나 심지어 천사들에게 보였던 그 어떤 것보다도 더욱 위대하다는 것을 말하려고 한다. 그리히여 베드로는 그리스도 안에 있는 위대한 구원에 대해서 수신자들이 더욱 감사하기를 바라고 있다.[38] 결국, 이 단락에서 베드로는 구원이 오랜 계획의 성취임을 강조한다.

베드로는 이 구원에 대하여 과거의 선지자들이 연구하고 부지런히 살폈다고 말한다. 여기서 그는 "연구하고"($\epsilon\xi\epsilon\zeta\acute{\eta}\tau\eta\sigma\alpha\nu$: searched)와 "살펴서"($\epsilon\xi\eta\rho\alpha\acute{\nu}\eta\sigma\alpha\nu$: investigated)라는 두 개의 단어를 사용하는데, 이 단어들은 사실상 같은 의미를 가진다. 베드로는 강조를 위하여 두 단어를 같이 사용한다. 구약을 기록한 선지자들은 우리에게 임할 은혜를 알기 위하여 그들에게 임한 예언을 연구하고 부지런히 살폈다. 그리하여 그들은 우리에게 구원의 의미와 방법을 알려주었다. 따라서 우리는 구약을 구원 역사적으로 읽어야 한다. 성경은 구원에 대한 책이다.

더욱이 이 언급은 구원이란 구약시대의 백성들이 간절히 기대했던 것이라는 사실을 알려준다. 구약시대의 백성들은 하나님께서 보내실 메시아에 대한 고대와 희망을 가지고 있었다. 이는 하나님께서 언젠가 메시아를 보내서서 인류를 구원하시겠다는 말씀을 선지자들에게 주셨고, 그들이 백성

---

38) Wayne A. Grudem, 103.

들에게 말했기 때문에 발생한 것이다. 따라서 베드로의 말 속에는 신약시대를 살아가는 사람들이 예수님이 오신 것을 보았으며, 예수님을 통하여 이루어진 구원을 이미 체험했기 때문에 큰 특권과 혜택을 받은 사람들이라는 사실이 내재되어 있다. 그리고 실상 신약의 신자들이 받은 구원은 구약의 선지자들이나 백성들이 생각했던 것보다 훨씬 크고 감격스러운 것이었다. 그리스도의 대속 사역으로 성취된 구원은 인간의 상상과 예상을 크게 뛰어넘었다.

11절 _ "자기 속에 계신 그리스도의 영"이란 성령을 가리킨다.[39] 그렇지만 이 칭호가 시사하는 것은 오실 메시아를 예언하는 것이 구약성경 시대의 선지자들 안에서 그리스도의 영의 활동 가운데 가장 주된 사역이었다는 점이다.[40] 구약시대에 예수 그리스도는 성령을 통해 선지자들 안에 거하시면서 장차 일어날 일을 알려주셨다. 즉 성령께서 모든 것을 알게 하셨다(참고. 삼상 10:6; 요 15:26). "그 받으실 고난과 후에 받으실 영광"이란 그리스도의 고난과 부활을 의미한다. 그런데 고난과 영광은 단지 그리스도에 국한된 것이 아니다. 베드로는 그리스도의 몸인 교회가 받는 고난과 영광을 염두에 두면서 이 말을 한다. 즉 7-8절에 있듯이, 그리스도의 부활이 신자들에게 소망을 주며, 유업을 주며, 칭찬과 영광과 존귀를 준다는 것이다.

한글성경 개역개정판의 "누구를 또는 어떠한 때를"이라는 번역은 적절하지 않다. 이 번역에 따르면, 사람과 시기를 말한 것이 된다. 하지만 이 번역의 근거인 헬라어 원문의 '티나 에 포이온 카이론'(τίνα ἢ ποῖον καιρὸν)

---

39) 여기서 그리스도의 선재성(pre-existence of Christ)이 암시된다. Donald P. Senior, 34.

40) Wayne A. Grudem, 105.

에 대한 가장 정확한 번역은 '어느 시 그리고 어떠한 때'(which and what kind of time)이다.41) 이것은 구약의 선지자들이 구원자로 오실 사람(메시아)을 이미 알고 있었지만, 그분이 오실 시기를 알지 못했다는 뜻이다. 그러면 왜 베드로는 비슷한 의미를 가진 '티나'(which)와 '포이온'(what)을 사용했을까? 그것은 강조를 위한 것이다. 베드로는 하나님이 친히 정하신 구원의 때를 말하려고 했다.

이처럼 하나님의 구원사역은 우발적으로 일어난 일이 아니었다. 하나님은 오래전에 선지자들을 통하여 구원 계획을 미리 알리셨다. 즉 구약의 선지자들은 비록 언제 그런 일이 일어날지 몰랐으나 메시아가 오셔서 우리의 구원을 위하여 고난을 받으신 후에 영광을 받으실 것을 알고 있었다. 그리고 '때가 이르러' 하나님께서 계시하신 것이 성취되었다. 더욱이 이 서신의 수신자들은 당시에 고난을 겪고 있었다. 따라서 그들은 예수님께서 다시 살아나셔서 영광을 얻으셨다는 말을 통하여 자신들도 언젠가 주님을 따라서 영광을 얻을 것이라고 믿을 수 있었다.

12절 _ "이 섬긴 바가 자기를 위한 것이 아니요 너희를 위한 것임"이라는 말은 선지자들이 자신들의 시대를 위하여 예언하지 않았고 신약시대의 성도들을 위하여 예언했다는 뜻이다. 즉 그들은 그리스도가 언젠가 오실 것이라는 사실을 알았고, 그분이 오신 시대에 살아갈 사람들을 위하여 예언했다. 그러나 선지자들이 받은 예언은 그리스도가 오시기 전까지 분명해질 수가 없었다. 그리스도께서 성령으로 말미암아 오시고 오순절에 성

---

41) Donald P. Senior, 34. 8절의 헬라어 원문은 다음과 같다. ἐραυνῶντες εἰς τίνα ἢ ποῖον καιρόν ἐδήλου τὸ ἐν αὐτοῖς πνεῦμα Χριστοῦ προμαρτυρόμενον τὰ εἰς Χριστὸν παθήματα καὶ τὰς μετὰ ταῦτα δόξας.

령이 강림하심으로 비로소 성경의 계시가 명확해졌다(참고. 요 14:26). 따라서 그들은 신약시대의 그리스도인들을 섬겼다.

"계시로 알게 되었으니"라는 말은 우리가 구약성경을 읽어야 할 필요성과 구약성경을 바르게 이해할 수 있는 관점을 제시한다. 구약성경은 구약시대의 역사만을 기록한 책이 아니라 동시에 신약시대에 일어날 사건을 예언한 책이다. 즉 구약성경은 세상의 일반역사를 차용하여 하나님의 구속역사를 설명한 책이다. 따라서 구약을 그리스도 중심적으로 읽어야 한다. 이러한 성경 이해의 관점은 예수님 자신의 증언에 의해서 명확해진다. "너희가 성경에서 영생을 얻는 줄 생각하고 성경을 연구하거니와 이 성경이 곧 내게 대하여 증언하는 것이니라"(요 5:39).

"이것은 하늘로부터 보내신 성령을 힘입어 복음을 전하는 자들로 이제 너희에게 알린 것이요"라는 말은 신약시대에 사도들과 교사들이 성령을 통하여 구약의 예언을 풀어서 설명하는 것을 의미한다. 이 문구에서 베드로는 성령의 주도적인 사역을 분명히 한다. 비록 복음을 전하는 수단은 사람을 통해서이지만 그것의 주체는 성령이시다. 그러므로 이 문구는 복음 전파라는 선교적 함의를 가지지만, 동시에 선교가 성령께서 주도하시는 일이라는 사실을 가르쳐준다. 성령은 사람을 사용하셔서 복음을 전하시기에 복음 전도자들은 성령을 더욱 의지해야 한다.

"천사들도 살펴보기를 원하는 것이니라"는 말은 우리의 정체성에 놀라운 깨우침을 준다. 이것은 천사들이 허리를 굽혀 어떤 귀중한 것을 바라보면서 그것이 무엇인지를 알기를 원한다는 뜻을 내포한다. 천사는 많은 것을 알고 있는 신비한 존재이다. 따라서 천사가 살펴보기를 원한다는 말은 하나님의 말씀이 얼마나 비밀스러운 것이며, 그것을 듣는 사람들이 얼마나 놀라운 특권을 가졌는지를 일깨워준다. 비록 신자들은 고난을 받고 있었지만, 큰 특권을 가진 사람들이다.[42] 따라서 신자들은 자부심과 당당함을 가져야 하며, 기쁨과 소망을 가져야 한다.

│ 설교자를 위한 지침 │

1. 이 단락은 구원을 받은 그리스도인이 어떤 유익한 결과를 얻는지를 알려준다. 특히 베드로는 어려운 환경과 상황을 만나서 고심하고 낙담하는 신자들에게 살아 있는 소망과 하늘의 유업과 하나님의 보호하심을 말한다. 이것은 고난을 받는 성도에게 있어서 문제가 사라짐으로 성도의 괴로움이 해소되고 즐거움을 느낄 수 있는 것이 아니라, 고난 중에도 구원의 확신과 감사가 있으면 충분히 감내할 수 있다는 점을 가르쳐준다. 언제나 구원에 대한 깨달음과 확신과 감격이 관건이다. 따라서 설교자는 구원의 의미와 그 유익을 충분히 설명할 필요가 있다.

2. 성도들 가운데는 "내가 왜 이런 어려움을 당해야 하는가?"라고 생각하는 이들이 많이 있다. 그리스도인으로서 고난을 겪는 것을 이해하지 못한 채 낙심하는 경우가 빈번하다. 따라서 이 세상을 살아가면서 비록 성도라 할지라도 고난을 겪는 것이 필연이라는 사실을 알려주어야 한다. 심지어 예수님이나 사도들도 고난을 받았다. 이에 설교자는 구원을 받은 사람이 고난을 받을 수 있지만, 고난이란 여러 측면에서 유익을 주기에 참고 견

---

42) 이 구절의 의미에 대해서 Peter H. Davids는 다음과 같이 말한다. "The sense is not one of idle curiosity but of a longing to see the fulfillment of God's promises. Great as they are, it was not to them or for them that the fulfillment came. Instead, the day of salvation dawned on these Christians in a way not even revealed to the angels(cf. Mark 13:32), just as the revelation in Christ was greater than any divine communication given through angels(Heb. 2:16). Although suffering, these believers are a privileged people." Peter H. Davids, 64-65.

더야 하고, 이런 때 오히려 기뻐하고 즐거워하라고 권면해야 한다.

3. 본문에서 베드로는 구원이 구약시대에 이미 계시되었다는 사실을 말했다. 이는 우리가 구약을 어떤 관점에서 읽어야 하는지를 가르쳐준다. 즉 우리가 구약을 '그리스도 중심적으로' 혹은 '구속사적으로' 읽어야 한다는 사실을 일깨워준다. 따라서 설교자는 이 기회에 구약에 대한 바른 해석 관점을 제시하는 것이 좋겠다. 아울러 설교자 자신이 구약을 이해하고 설교할 때 구속사적인 설교를 하도록 노력해야 한다. 그것이 바른 구약 이해이며 설교이다.

2. 구원받은 자의 자세(1:13-25)

1:13 그러므로 너희 마음의 허리를 동이고 근신하여 예수 그리스도께서 나타나실 때에 너희에게 가져다 주실 은혜를 온전히 바랄지어다

1:14 너희가 순종하는 자식처럼 전에 알지 못할 때에 따르던 너희 사욕을 본받지 말고

1:15 오직 너희를 부르신 거룩한 이처럼 너희도 모든 행실에 거룩한 자가 되라

1:16 기록되었으되 내가 거룩하니 너희도 거룩할지어다 하셨느니라

1:17 외모로 보시지 않고 각 사람의 행위대로 심판하시는 이를 너희가 아버지라 부른즉 너희가 나그네로 있을 때를 두려움으로 지내라

1:18 너희가 알거니와 너희 조상이 물려 준 헛된 행실에서 대속함을 받은 것은 은이나 금 같이 없어질 것으로 된 것이 아니요

1:19 오직 흠 없고 점 없는 어린 양 같은 그리스도의 보배로운 피로 된 것이니라

1:20 그는 창세 전부터 미리 알린 바 되신 이나 이 말세에 너희를 위하여 나타내신 바 되었으니

1:21 너희는 그를 죽은 자 가운데서 살리시고 영광을 주신 하나님을 그리스도로 말미암아 믿는 자니 너희 믿음과 소망이 하나님께 있게 하셨느니라

1:22 너희가 진리를 순종함으로 너희 영혼을 깨끗하게 하여 거짓이 없이 형제를 사랑하기에 이르렀으니 마음으로 뜨겁게 서로 사랑하라

1:23 너희가 거듭난 것은 썩어질 씨로 된 것이 아니요 썩지 아니할 씨로 된 것이니 살아 있고 항상 있는 하나님의 말씀으로 되었느니라

1:24 그러므로 모든 육체는 풀과 같고 그 모든 영광은 풀의 꽃과 같으니 풀은 마르고 꽃은 떨어지되

1:25 오직 주의 말씀은 세세토록 있도다 하였으니 너희에게 전한 복음이 곧 이 말씀이니라

〈본문의 위치와 구조〉

1:3-12에서 베드로는 구원의 의미를 설명했는데, 1:13-25에서 그는 구원 받은 자의 자세, 곧 그리스도인의 마음가짐에 대해서 말한다. 여기서 베드로는 앞에서 말한 내용을 기초로 하여 구원받은 사람이 어떤 삶의 자세를 가져야 하는가를 말한다. 그것은 네 가지인데, '은혜를 바람'(소망)과 '거룩함'과 '하나님을 두려워함'과 '형제를 사랑함'이다. 여기서 특징적인 것은 베드로가 네 가지 삶의 자세에 각각 구약을 직접적으로나 간접적으로 인용한다는 사실이다. 이는 구약을 근거로 제시함으로써 더욱 강하게 설득하려는 효과를 주기 위해서이다.

1:13	은혜를 바람
1:14-16	거룩함
1:17-21	하나님을 두려워함
1:22-25	형제를 사랑함

〈본문주해〉

은혜를 바람(1:13)

13절 _ 문장 첫머리에 있는 "그러므로"(διό)라는 접속사는 내용의 전환을 지시한다. 베드로는 1:3-12에서 구원의 의미를 설명했는데, 이제 그에 걸맞는 삶이 무엇인지를 말하려고 한다. 이에 대한 첫 번째 권면은 '바라는 것'(소망)이다. 베드로는 1:3에서 '살아 있는 소망'에 대해서 말했는데, 여기서 이에 대하여 구체적으로 설명한다. 그는 '소망'을 3:15("너희 속에 있는 소망에 관한 이유를 묻는 자에게는")에서 다시 말할 것이다. 헬라어 원문을 보면 "바랄지어다"(ἐλπίσατε)가 주동사이고, "허리를 동이고"(ἀναζωσάμενοι)와 "근신하여"(νήφοντες)는 주동사에 종속되는 분사이다.[43] 따라서 그리스도인에게 바라는 삶, 곧 소망은 매우 중요하다.

그리스도인이 바라야 할 것은 "은혜"이다. "은혜"(χάρις)라는 단어는 베드로전서에서 매우 빈번하게 사용되는데(참고. 1:2, 10; 2:19; 3:7; 4:10; 5:10, 12), 세상이 줄 수 있거나 인간이 생성할 수 있는 것이 아니라 오로지 하나님께서 주시는 신적인 선물이기에 세상의 무엇으로 환산할 수 없는 값어치를 가진다. 은혜는 미래에 온전히 주어질 것이지만, 과거는 물론이거니와 지금 여기서도 주어진다. 우리는 과거에 은혜로 말미암아 구원을 받았으며(참고. 엡 2:8-9), 지금 하나님의 은혜로 보호하심을 받으며 살아가고 있고(참고. 고전 15:10), 장차 그리스도께서 재림하실 때에 온전한 은혜를 얻을 것이다. 따라서 그리스도인은 언제나 주님이 주시는 은혜를 사모하면서 살아야 한다(참고. 히 3:6).

"예수 그리스도께서 나타나실 때에"라는 말은 예수 그리스도의 재림을 의미한다. 베드로는 이미 1:7에서 "예수 그리스도께서 나타나실 때에"를 말했으며, 이후 4:13에서 다시 "그의 영광을 나타내실 때에"를 말한다. 그리스도인의 소망은 예수님의 재림에 있다. 그리스도인은 이미 구원받았으

---

43) 이 구절에 대한 헬라어 원문은 다음과 같다. Διὸ ἀναζωσάμενοι τὰς ὀσφύας τῆς διανοίας ὑμῶν νήφοντες τελείως ἐλπίσατε ἐπὶ τὴν φερομένην ὑμῖν χάριν ἐν ἀποκαλύψει Ἰησοῦ Χριστοῦ. ESV는 이를 "Therefore, preparing your minds for action, and being sober-minded, set your hope fully on the grace that will be brought to you at the revelation of Jesus Christ."로 번역하는데, 이 번역은 헬라어 원문의 동사를 적절하게 번역하여 주동사가 "바랄지어다"라는 imperative로 되어 있고, 두 개의 participle이 "허리를 동이고"와 "근신하여"로 되어 있다. 이에 대하여, Scot McKnight, *1 Peter*, NIV Application Commentray, 문종윤·권대영 역, 서울: 솔로몬, 2015, 95를 보라.

며, 지금 하나님의 보호하심 가운데 구원을 유지하다가, 장차 예수님이 재림하실 때 온전한 구원의 성취를 경험할 것이다. 따라서 예수님의 재림은 소망의 사건이다. 하지만 예수님의 재림은 반드시 시간적인 틀에서만 이해할 것이 아니다. 예수님은 이미 우리 가운데 계시는 분이다. 즉 예수님은 종말론적인 인격이시다. 따라서 그리스도인은 지금 여기서 소망을 가질 수 있으며, 궁극적으로 예수님이 재림하실 때 소망의 온전한 성취를 경험할 수 있다.

그러면 그리스도인은 어떻게 바랄 수 있는가? 이에 대해서 베드로는 두 개의 동사를 분사 형태로 서술하는데, '마음의 허리를 동이는 것' 과 '근신하는 것' 이 그것이다. 먼저, 마음의 허리를 동이는 것(gird the loins of your minds)은 민첩함을 의미하는 그림언어이다. 원래 이것은 이스라엘 백성들이 출애굽 때 요구되었던 모습이다(참고. 출 12:11; 눅 12:35).[44] 당시에 그들이 입었던 긴 옷은 신속히 움직이는 데 방해가 되었다. 그래서 그들은 민첩하고 재빠르게 움직이고자 할 때 긴 옷을 허리띠 안으로 집어넣었다. 그런데 여기서 이 권면은 이 세상을 여행하고 있는 하늘나라의 나그네들(그리스도인들)에게 적용된다(참고. 1:1; 2:11). 그리스도인은 항상 허리를 동이고 살면서 민첩하고 재빠르게 움직여 실천할 준비를 해야 한다.

그리스도인이 소망을 가지는 또 다른 방법은 '근신하는 것' (νήφοντες: be self-controlled)이다.[45] 베드로전서에서 이 단어는 매우 중요하다. 베드로

---

44) Donald P. Senior, 40.

45) 한글성경 개역개정판에는 "온전히" 라는 부사가 "바랄지어다" 라는 동사에 붙어 있다. 그리고 많은 영어 성경에도 동일하게 번역되어 있다. 예를 들어, NRSV: Therefore, gird your minds for action, keep sober in spirit, fix your hope completely on the grace to be brought to you at the revelation of Jesus Christ. NIV: Therefore, prepare your minds for action; be self-controlled; set your hope fully on the grace to be given you when Jesus Christ is revealed. NASB: Therefore, prepare your minds for action, keep sober in spirit, fix your hope completely on the grace to be brought to you

는 4:7에서 "만물의 마지막이 가까이 왔으니 그러므로 너희는 정신을 차리고 근신하여 기도하라"고 말하고, 5:8에서 "근신하라 깨어라 너희 대적 마귀가 우는 사자 같이 두루 다니며 삼킬 자를 찾나니"라고 말한다. 이처럼 '근신하라' 는 단어는 예수님의 재림과 연관되어 사용된다. 근신하는 것은 죄에 대해서 경각심을 가지고 사는 것으로서 세상의 유혹과 죄의 달콤함을 물리치는 것이다. 그리스도인은 언제나 근신함으로 경성하여 언제 예수님이 오시더라도 부끄럽지 않은 상태를 유지해야 한다(참고. 살전 5:6, 8; 딤후 4:5).

거룩함(1:14-16)

14절 _ 그리스도인의 삶의 자세에 대한 두 번째 권면은 14-16절에 나오는 '거룩함' 이다. 여기서 베드로는 신자들을 향하여 구원받기 이전의 행실을 반복하지 말라고 말한다. "순종하는 자식"(τέκνα ὑπακοῆς : obedient children)이란 표현은 3절에 있는 '거듭남' (태어남)의 이미지와 잘 어울린다(참고. 1:23). 그리고 이것은 4절에 있는 '유업' 과 연관된다. 또한, 이것은 17절에 나오는 "너희가 아버지라 부른즉" 이라는 말로 이어진다. 신자는 거듭나서 하나님의 아들이 되었고 장차 하나님의 나라에서 하나님의 유업을 얻을 것이다. 그리고 신자는 지금 이 땅에서 아버지에 의하여 보호를 받는다(참고. 1:5). 그런데 아들에게 요구되는 것은 순종이다. 신자들은 이 땅을 살아가면서 하나님 아버지의 말씀에 반드시 순종해야 한다.

"전에 알지 못할 때에 따르던 너희 사욕을 본받지 말고" 라는 말은 이전

---

at the revelation of Jesus Christ. 그런데 일부 학자들은 "온전히"라는 부사가 선행하는 "근신하여"를 수식한다고 주장한다. 하지만 헬라어 문법상으로는 "온전히"를 이어지는 "바랄지어다"에 붙여야 하는지, 아니면 선행하는 "근신하여"에 붙여야 하는지 모호하다. 이것은 여전히 논쟁 중이고 결론을 내기가 어렵다.

의 삶을 버리라는 뜻이다. 이전에 그들은 하나님을 모를 때 마귀를 아버지로 삼았으며, 마귀의 말을 따랐다(참고. 요 8:44). 즉 그들은 '불순종의 아들들'이었고 '진노의 자녀'였다(참고. 엡 2:2, 3). 그러나 이제 그들은 하나님의 자녀가 되어 하나님의 보살피심과 인도하심을 경험할 뿐만 아니라, 하나님의 뜻에 따라 순종하며 살게 되었다. 여기서 "사욕"은 모든 종류의 욕망을 가리킨다(참고. 2:11; 4:2, 3). 베드로는 믿지 않는 자들이 좇는 사욕들을 4:1-5에서 구체적으로 서술한다. 성경에서 '알지 못함'(ignorance)과 '사욕'(evil desires)은 자주 믿지 않는 자들의 특성을 나타내기 위하여 서술되었다(참고. 롬 1:18-32; 살전 4:5; 막 4:19).[46]

15절 _ 베드로는 14절에서 이전의 삶을 버리라는 소극적인 권면을 했다. 그러나 여기서는 "오직 너희를 부르신 거룩한 이처럼 너희도 모든 행실에 거룩한 자가 되라"는 적극적인 권면을 한다. "오직 너희를 부르신 거룩한 이처럼"이라는 말은 레위기에 자주 나오는 하나님의 속성을 상기시켜 준다. "너희도 모든 행실에 거룩한 자가 되라"는 말은 신자들이 그들의 아버지의 속성(거룩함)과 부합해야 한다는 것을 요청한다(참고. 레 18:2-4; 롬 6:13). 즉 하나님 아버지께서 거룩하신 분이기 때문에 그분의 아들은 거룩한 자가 되어야 한다는 뜻이다.

구약시대에 하나님은 '거룩함'을 많이 강조하셨다. 하나님은 자신을 거룩하신 분이라고 계시하셨을 뿐만 아니라, 하나님을 섬기기 위한 모든 절차와 기물을 거룩하게 하셨다. 하나님을 믿는 유대인들은 부정함을 제거하고 거룩함을 유지하거나 회복하기 위하여 하나님이 정해 주신 엄격한 규례를 지켜야만 했다. 그리고 거룩함을 지니지 않은 채 하나님께 나아가거나 성전에서 일하는 것은 큰 죄악으로 간주하여 엄격한 형벌을 받아야

---

46) Donald P. Senior, 41.

했다. 심지어 하나님은 음식이나 위생에서도 거룩함을 요구하셨는데, 이스라엘 백성들은 이를 통하여 하나님의 거룩하신 속성을 철저히 깨달을 수 있었다. 그런데 신약시대에도 이러한 원리는 변하지 않는다. 비록 이제 거룩함을 위한 규례나 의식은 존재하지 않지만 예수 그리스도를 믿는 사람들은 거룩함과 성결함이 그들의 정체성을 규정한다는 사실을 알고 행실을 바르게 가져야 한다.

여기서 "부르신"이라는 단어를 주목해야 한다. 이 단어의 주어는 하나님이시다(참고. 5:10; 롬 8:28, 30; 고전 1:9; 빌 3:14). 베드로는 이 단어를 이 서신 안에서 여기서와 네 곳(2:9, 21; 3:9; 5:10; 참고. 벧후 1:3)에서 사용함으로써 수신자들로 하여금 하나님께서 그들을 위한 구원을 주도적으로 시작하셨고, 복음이 그들에게 능력으로 임했을 때, 그들을 흑암으로부터 불러내어(2:9) 자신과 사귐으로 이끄신 분이라는 것을 상기시킨다. 그것은 그리스도인의 삶에 대한 강력하고 효과적인 부름이며, 이 모든 것은 하나님과 함께 살아가고 그분을 닮아가라는 부름과 연관성이 있다.[47] 이처럼 베드로의 의도적인 단어 사용은 그 자체로 교훈을 내재한다.

16절 _ 이 구절에서 베드로는 15절의 "너희를 부르신 거룩한 이"의 성경적 근거를 제시(인용)한다.[48] 한글성경 개역개정판에는 없지만, 헬라어 원문에는 16절의 문장 첫머리에 '이유'를 나타내는 접속사 '디오티'(διότι)가 있다. 따라서 16절은 15절의 근거(이유)가 된다. 즉 이 구절은 '그리스도인이 왜 거룩해야 하는가? 라는 물음에 대한 답변이다. "기록되었으되 내가 거룩하니 너희도 거룩할지어다 하셨느니라"라는 말은 레위기

---

47) Wayne A. Grudem, 120-21.

48) 베드로전서의 구약인용(직간접)은 다음과 같다. 1:16, 18, 24; 2:3, 4-10, 22-25; 3:10-12, 14, 15; 4:8, 18; 5:5, 7, 8.

19:2를 인용한 것이지만, 레위기 11:44와 20:7 등에도 유사한 말씀이 있다.[49] 그런데 이 구절은 예수님에 의해서 변형된 형태로 사용되었는데, 마태복음 5:48에서 예수님은 "거룩"이라는 단어 대신에 "온전히"(이는 창세기 6:9에서 노아에 대하여 사용되었듯이, 죄가 전혀 없는 완벽한 상태가 아니라, 하나님께 온전히 순종하는 것을 의미함)를 사용하셔서 "그러므로 하늘에 계신 너희 아버지의 온전하심과 같이 너희도 온전하라"고 말씀하심으로 신약 윤리의 기초를 제시하셨다.[50]

결국, 신자가 이전의 모든 죄를 버리고 거룩한 삶을 살아야 하는 이유는 그들의 창조자요 아버지이신 하나님께서 거룩하시기 때문이다. 절대적인 전제와 그에 따른 명령은 이와 더불어 세상의 자연 원리에 근거하여 교훈을 받을 것을 의도한다. 곧 아들은 아버지의 말씀에 순종해야 하며, 아버지를 본받아야 한다는 것이다. 이렇게 베드로는 의도적으로 이 문맥 안에서 '아버지-자녀' 주제를 상기시킴으로 교훈을 주고자 한다. 부모님을 닮고자 하는 것은 자녀들의 본성이다. 그리스도인들은 하나님을 닮기를 기뻐해야 하는데, 이는 하나님이 그리스도인들의 아버지이기 때문이며, 또한 그분의 도덕적 탁월성이 본질적으로 선하고 아름답기 때문이다.[51]

하나님을 두려워함(1:17-21)

17절 _ 17-21절에 그리스도인의 삶의 자세에 대한 세 번째 권면이 나온다. 여기서 베드로는 '하나님을 두려워함'에 관하여 말한다. '하나님을 두

---

49) 레위기 11:44에는 "나는 여호와 너희의 하나님이라 내가 거룩하니 너희도 몸을 구별하여 거룩하게 하고 땅에 기는 길짐승으로 말미암아 스스로 더럽히지 말라"는 말씀이 있다.

50) Peter H. Davids, 69.

51) Wayne A. Grudem, 123.

려워하라'는 말은 '하나님을 경외하라'는 뜻이다. 베드로는 하나님에 대하여 "외모로 보시지 않고 각 사람의 행위대로 심판하시는 이"라고 설명한다. 성경은 자주 하나님을 '심판자'로 묘사한다(참고. 창 18:25; 시 75:7; 히 12:23). 특히 구약시대에 가정에서 아버지는 심판자의 임무를 수행했다.[52] 아버지는 자녀가 바르게 성장하게 하려고, 그리고 가정의 생존과 번영과 신앙을 위해서 심판(판결)을 하여 상을 수여하거나 징계를 내린다. 그러므로 하나님을 '아버지'이자 '심판자'라고 묘사하는 것은 적절하다.

그런데 하나님께서 심판하실 때 사람의 외모를 보시지 않고 행위를 보신다는 말은 하나님께서 사람의 겉으로 드러나는 행동보다 속에 있는 동기를 보신다는 뜻이다(참고. 사 40:10; 고전 3:10-15; 고후 5:10; 갈 6:4). 하나님은 절대적으로 정확한 판별 능력을 갖추고 계신다. 따라서 사람은 하나님을 속일 수 없다. 그리고 이 문구는 하나님께서 사람이 가지고 있는 신분이나 전제를 중요하게 여기지 않으신다는 뜻을 포함한다. 베드로는 사도행전 10:34-35에서 "내가 참으로 하나님은 사람의 외모를 보지 아니하시고 각 나라 중 하나님을 경외하며 의를 행하는 사람은 다 받으시는 줄 깨달았도다"라고 말했다. 따라서 하나님이 외모를 보시지 않는다는 말에는 유대인과 이방인을 구분하지 않으신다는 뜻이 암시되어 있다.

하나님께서 공의롭고 정당하게 심판하신다는 말은 사람의 책임 있는 삶을 요청한다(참고. 신 10:17; 롬 2:16; 갈 2:6; 엡 6:9). 필시 사람은 하나님을 속일 수 없다는 것을 기억해야 한다. 그리고 이는 신자들이 남들에게 보이려고 외식하거나, 죄가 없는 척하면서 속임수를 쓰지 말라는 뜻을 시사한다. 참으로, 하나님은 모든 것을 알고 계신다. 더욱이 하나님의 심판은 현재성과 미래성을 모두 가지고 있어서, 하나님께서 마지막에 최종적인 심판을 수

---

52) Alan M. Stibbs, *The First Epistle General of Peter*, Grand Rapids: Wm. B. Eerdmans, 1959, 89.

행하시겠으나 지금 여기서 이미 심판을 수행하고 계신다는 점을 알아야 한다. 따라서 신자들은 억울해하거나 불안해하지 말아야 한다. 하나님께 모든 것을 맡겨야 한다. 하나님께서 공의롭게 판결하셔서 각자의 행위에 따라 상과 벌을 주실 것을 믿어야 한다.

"너희가 아버지라 부른즉 너희가 나그네로 있을 때를 두려움으로 지내라"는 말은 뭔가 어색해 보인다. 언뜻 보기에, 하나님을 아버지로 부르는 것과 하나님을 두려워하는 것은 어울리지 않는 것 같다. 그러나 여기서 "두려움"(φόβος : fear)이란 '공포감'이 아니라 하나님의 주권적인 통치에 대한 '경외심'을 뜻한다(참고. 3:2, 15; 히 12:5-11).[53] 즉 이것은 하나님의 진노를 바탕으로 하는 것이 아니라 하나님이 우리를 아들로 여기시는 사랑을 바탕으로 하는 것이다. "나그네로 있을 때"란 1:1에서 언급된 것인데, 그리스도인들이 이 세상을 여행 중에 있는 나그네임을 시사한다. 그들은 이 세상에 속해 있지 않고 하늘나라에 속해 있다(참고. 엡 2:19; 히 11:9-16; 13:14). 그리스도인의 시민권은 하늘에 있다(참고. 빌 3:20).

18-19절 _ 베드로는 17절에서 그리스도인의 삶의 자세로 하나님을 두려워하는 것(경외)에 대하여 말했는데, 18-19절에서 하나님을 두려워해야 하는 이유(근거)가 무엇인지를 밝힌다.[54] 이 구절들에서 베드로가 강조하는 것은 그리스도인이 하나님이 심판을 수행하시는 분이기에 두려워해야 하겠으나, 그것에서 그치는 것이 아니라 하나님께서 그리스도인의 구원을 위해서 하신 일 때문에 두려워해야 한다는 것이다. 즉 그리스도인은 하나님께서 그들을 구원해 주신 일에 대하여 감사하고 감격함으로 하나님을 두려워하고 공경하며 찬송해야 한다는 것이다.

---

53) Donald P. Senior, 43-44.
54) 이 구절들은 초대교회의 찬송시 혹은 신앙고백으로부터 인용한 것으로 보인다.

"너희 조상이 물려 준 헛된 행실"은 아담과 하와가 지은 원죄를 의미하면서, 동시에 원죄의 영향으로 인류가 지금까지 짓고 있는 모든 죄를 포괄한다(참고. 출 20:5-6). "대속함"(λυτρόω : ransom)이란 그리스-로마 문학에서 돈을 주고 노예를 사거나 죄수를 석방할 때 사용한 용어이다(참고. 레 25:25, 48-49). 또한, 유대 전통에서 이스라엘은 과거에 이집트에서 노예로 지냈으며 바벨론을 비롯한 여러 나라에서 포로 생활을 했는데, 이 단어는 이스라엘을 구원하시는 하나님의 능력을 반영한다(참고. 출 6:6; 신 7:8; 9:26; 15:15; 사 51:11; 52:3).[55]

베드로는 이어서 우리가 대속함을 받은 방법을 말한다. "은이나 금 같이 없어질 것으로 된 것이 아니요"는 소극적 진술이고, "오직 흠 없고 점 없는 어린 양 같은 그리스도의 보배로운 피로 된 것이니라"는 적극적 진술이다. "은이나 금"은 사람들이 생각하기에 가장 값진 것들이다. 그런데 이런 것들로 우리의 대속의 값이 치러진 것이 아니다. 오히려 "그리스도의 보배로운 피"로 구속의 대가가 치러졌다(참고. 행 20:28). "흠 없고 점 없는"이란 표현은 완전한 거룩함을 의미하는데, 예수님이 하나님께 바치기에 합당한 제물인 것을 시사한다. 이에 관하여 히브리서 7:26에는 이런 말씀이 있다. "이러한 대제사장은 우리에게 합당하니 거룩하고 악이 없고 더러움이 없고 죄인에게서 떠나 계시고 하늘보다 높이 되신 이라."

여기서 베드로는 예수 그리스도를 유월절 어린 양으로 묘사한다(참고. 출 12장; 29:1; 레 22:18-21). 그런데 예수 그리스도와 유월절 어린 양의 이미지를 연결한 것은 요한복음에서 두드러진다(참고. 요 1:29, 36; 19:36). 이스라엘이 유월절 어린 양의 피 덕분에 이집트에서 구원을 받았듯이, 사람들은 예수

---

55) Donald P. Senior, 44.

그리스도의 보배로운 피로 구원을 받는다. 이제는 더 이상 어린 양의 피가 필요하지 않으며, 자신을 드려 단번에 구속을 이루신 예수님의 피로 충분하다. 이에 대해서 히브리서 9:12는 다음과 같이 말한다. "염소와 송아지의 피로 하지 아니하고 오직 자기의 피로 영원한 속죄를 이루사 단번에 성소에 들어가셨느니라."

20절 _ 베드로는 예수님을 "창세전부터 미리 알린 바 되신 이"라고 말한다. 헬라어 본문에서 '미리 알린 바 되셨다'(προεγνωσμένου)는 말은 과거완료 수동태 분사로 되어 있다. 이것은 '그리스도의 선재성'(pre-existence of Christ)을 지시한다. 예수님은 세상이 만들어지기 이전부터, 즉 영원 전부터 존재하셨으며, 하나님은 세상을 만드시기 전에 이미 예수님을 통한 대속을 작정하셨다. 이 구절에서 "말세"란 '마지막 때'를 의미하는데, 예수님이 처음 오신 때(초림)부터 다시 오실 때(재림)까지를 가리킨다. 따라서 이 말에는 예수님이 오신 이후를 살아가는 사람들이 그 이전에 살던 조상들보다 훨씬 더 큰 특권을 받았으니, 그러한 특권에 걸맞게 더욱 거룩한 삶을 살아야 한다는 메시지가 내포되어 있다.

"너희를 위하여 나타내신 바 되었으니"라는 말은 예수님이 동정녀 마리아의 몸을 통해서 태어나신 것을 포함하여, 복음이 전파되는 것을 통해서 사람들에게 드러내신 모든 행동과 행적을 의미한다. 이에 대해서 다음의 구절들을 생각할 수 있다. "크도다 경건의 비밀이여, 그렇지 않다 하는 이 없도다 그는 육신으로 나타난 바 되시고 영으로 의롭다 하심을 받으시고 천사들에게 보이시고 만국에서 전파되시고 세상에서 믿은 바 되시고 영광 가운데서 올려지셨느니라"(딤전 3:16), "때가 차매 하나님이 그 아들을 보내사 여자에게서 나게 하시고"(갈 4:4), "이 모든 날 마지막에는 아들을 통하여 우리에게 말씀하셨으니"(히 1:2), "이제 자기를 단번에 제물로 드려 죄를

없이 하시려고 세상 끝에 나타나셨느니라"(히 9:26).[56]

21절 _ 베드로는 3절에서 말했던 것을 여기서 반복한다. 그는 3절에서 하나님이 예수 그리스도를 죽은 자 가운데서 부활하게 하심으로 말미암아 우리를 거듭나게 하사 살아 있는 소망이 있게 하셨다고 말했다. 그런데 여기서는 우리가 그리스도를 죽은 자 가운데서 살리시고 영광을 주신 하나님을 그리스도로 말미암아 믿는 자라고 설명하면서, 우리의 믿음과 소망이 하나님께 있게 되었다고 말힌다. "그리스도로 밀미암아 믿는 시"리는 어구는 그리스도가 우리의 믿음의 대상일 뿐만 아니라, 우리를 하나님께로 나아가게 하시는 분이심을 의미한다(참고. 요 14:6).

그리스도의 죽음과 부활로 인하여 우리에게 믿음과 소망이 생겼다는 말은 그리스도의 구속사역을 통하여 우리의 죄에 대한 하나님의 진노가 완전하게 만족되었다는 사실과 그로 말미암아 완전한 화해가 이루어졌다는 사실을 충분하게 확신할 수 있게 되어서, 우리의 부활과 영광의 보증이며 약속인 그리스도의 부활을 바라보는 믿음이 소망을 불러일으킨다는 뜻이다(참고. 벧전 3:21; 행 2:32-33; 5:31; 10:40; 롬 4:24-25; 고전 15:14, 17).[57] 한편, 베드로는 사도행전 3:13-16에서 이와 유사한 말을 했는데, 그리스도의 죽음과 부활로 말미암은 치유를 말했다.

결국, 베드로는 17절에서 '하나님을 두려워함' 이라는 말로 시작했으나, 21절에서 '믿음과 소망' 으로 마무리한다. 그리스도인은 하나님을 아버지로 여기면서 존경과 두려움을 가져야겠으나, 동시에 하나님이 우리의 구원을 위하여 예수 그리스도를 십자가 위에서 죽게 하신 것을 명심하면서

---

56) Matthew Poole, 93.

57) Matthew Poole, 93-94.

믿음과 소망 가운데 살아야 한다. 특히 그리스도인은 구원이 창세 전부터 계획된 것으로 결코 우발적이거나 우연히 이루어진 것이 아님을 알아야 하며, 인간의 구원을 위하여 하나님께서 그리스도의 보배로운 피를 흘리게 하셨다는 사실을 기억하면서 감사해야 한다.[58]

형제를 사랑함(1:22-25)

22절 _ 베드로는 22-25절에서 그리스도인의 삶의 자세에 대한 네 번째이자 마지막 권면을 한다. 아울러, 여기에 나오는 권면은 구원을 받고 하나님의 자녀가 된 사람들이 최종적으로 어떠한 성품의 결실을 가져야 하는지를 가르쳐준다.[59] "너희가 진리를 순종함으로 너희 영혼을 깨끗하게 하여"라는 표현은 구원을 다른 관점에서 설명한 것이다. 여기서 "진리를 순종함으로"라는 표현은 1:14의 "순종하는 자식"이라는 말을 상기시킨다. 베드로전서에서 '진리를 순종한다'(ὑπακοή)라는 말은 복음을 받아들이고 믿는 것을 의미한다(참고. 1:2). 그리고 이 서신에서 "영혼"(ψυχή)은 육체와 함께 사람을 이루는 요소를 가리키는 것이 아니라 '전인'(全人)을 가리킨다(참고. 2:25; 4:19). "깨끗하게 하여"(ἀγνίζω)라는 말은 구약의 정결의식 용어를 차용하여 거듭남을 설명한 것이다(참고. 출 19:10; 수 3:5; 요 11:55; 행 21:24, 26; 24:18). 따라서 이 말은 거듭난 사람의 깨끗한 상태와 행실을 뜻한다(참고. 요일 3:3).

결국, 이 문구는 구원 받은 그리스도인이 어떤 상태가 되었는지를 알려준다. 여기서 베드로는 '순종'과 '정결'을 연결해서 그가 1:2에서 말한

---

58) 바울은 다음과 같이 말한다. "하나님이 우리를 구원하사 거룩하신 소명으로 부르심은 우리의 행위대로 하심이 아니요 오직 자기의 뜻과 영원 전부터 그리스도 예수 안에서 우리에게 주신 은혜대로 하심이라"(딤후 1:9).
59) Peter H. Davids, 76.

"하나님 아버지의 미리 아심을 따라 성령이 거룩하게 하심으로 순종함과 예수 그리스도의 피 뿌림을 얻기 위하여 택하심을 받은 자들"이라는 그리스도인의 정체성을 다시금 상기시킨다. 이러한 해석의 관점은 이어지는 구절들에 의해서 강화되고 확장되는데, 베드로는 이어지는 구절들에서 하나님의 말씀을 통해 거듭난 사람이 사랑이라는 열매를 맺는 사실에 대해서 언급한다. 한편, 이와 연관하여 베드로는 사도행전 15:9에서 "믿음으로 그들의 마음을 깨끗이 하사"라고 말했다.

"거짓이 없이 형제를 사랑하기에 이르렀으니 마음으로 뜨겁게 서로 사랑하라"는 말은 진리에 순종하여 영혼이 깨끗해진 사람, 곧 복음을 받아들이고 거듭난 사람은 다른 사람을 사랑하는 지경에 이르게 된다는 뜻이다. 이렇게 신자가 형제 사랑이라는 결실을 맺는 것은 하나님의 중요한 특질인 사랑이 그분의 자녀들에게 심어지기 때문이다. 더욱이 구원받은 하나님의 자녀는 대충 적당하게 사랑할 것이 아니다. 베드로는 그들을 향하여 "마음으로 뜨겁게 서로 사랑하라"고 말한다. "뜨겁게"(ἐκτενῶς)라는 단어가 뜻하는 것은 그들의 사랑이 변함없고 꾸준해야 하며, 역경이나 환경이 변함에 따라 흔들려서는 안 된다는 사실이다(참고 4:8).[60] 그리고 '마음'을 언급한 것은 여기에서 사랑이 흘러나오기 때문이다(참고. 딤전 1:5; 딤후 2:22).[61]

여기서 주목해야 할 것은 베드로가 '형제 사랑'이나 '서로 사랑'이라는 표현을 사용한 점이다. 이것은 구원받은 자들이 공동체, 즉 '교회'를 이룬다는 점을 암시한다. 그리스도인의 신앙은 언제나 교회적 함의를 가진다. 신자는 독립적으로 존재하지 않고 반드시 교회를 이루며, 교회는 새로운

---

60) J. Ramsey Michaels, 223.

61) Matthew Poole, 94.

신자들을 출생하고 양성한다. 이는 교회가 복음을 배우고 가르치는 통로이기 때문이다. 특히 교회의 일치는 서로간의 사랑으로 가능해진다(참고. 요 17:23; 빌 2:1-4). 필시 진리(말씀)를 통해서 깨끗하게 된(거듭나게 된) 사람들은 교회를 이루어서 서로를 사랑(가족간의 사랑)해야 한다. 이 서신에는 '서로 사랑' 주제가 많이 있는데(참고. 2:17; 3:8-9; 4:8-11; 5:14),[62] 이 주제는 교회론적 관점에서 이해할 수 있다.

23절 _ 13-15절에서 발견된 패턴은 베드로가 그리스도인의 삶의 자세에 대하여 말한 후에 그에 관한 구약의 근거를 인용하는 것인데, 이는 여기서도 동일하다. 즉 베드로는 서로 사랑하라는 권면에 대한 성경적 근거로 23-25절을 제시한다. 이 구절들은 그리스도인이 마음으로 뜨겁게 서로를 사랑할 수 있는 이유가 무엇인지를 보여주려는 목적을 가진다. 베드로는 그리스도인들이 거듭났기 때문에 서로 사랑할 수 있는데, 그들이 거듭난 것은 썩지 아니할 씨로 된 것이니 곧 살아 있고 항상 있는 하나님의 말씀으로 되었다고 말한다. 하나님의 말씀은 사람을 새롭게 출생하게 하여, 그들에게 인자하신 하나님의 성품을 닮게 하며, 서로를 사랑할 수 있는 마음과 능력을 준다. 즉 하나님의 말씀은 사랑을 가능하게 하는 원인이 된다.[63]

"너희가 거듭난 것은"이라는 표현은 1:3("우리를 거듭나게 하사")에 이미 있는데, 사람이 하나님의 능력으로 새롭게 태어나서 새로운 삶을 살게 되는 것을 뜻한다. 그리고 이 말은 22절의 "너희 영혼을 깨끗하게 하여"라는 말로 설명되었다. 따라서 베드로는 앞에서 말한 것들을 여기서 반복한다. 베드로는 거듭나는 것이 "썩어질 씨로 된 것이 아니요 썩지 아니할 씨로 된 것이니"라고 말한다. "썩어질 씨"는 아무런 열매를 맺지 못한다. 즉 생명

---

62) Donald P. Senior, 48.

63) Scot McKnight, 102.

을 낳지 못한다. 언제나 사람들은 썩어질 씨를 의존하면서 생명을 기대하지만, 실제로는 아무것도 얻지 못한다.

하지만 거듭남은 "썩지 아니할 씨"로 말미암는다. 이러한 "썩지 아니할 씨"는 땅에 떨어진 후에 썩지 않고 있다가 때가 되면 필히 열매를 맺는다. 여기서 베드로는 "썩지 아니할 씨"를 "살아 있고 항상 있는 하나님의 말씀"(the living and abiding word of God)이라고 설명한다.[64] 하나님의 말씀에 대해서 "살아 있고"라는 표현을 붙인 것은 말씀이 창조의 능력을 가지고 있다는 점을 상기시킨다. 즉 이 표현은 하나님께서 세상을 창조하실 때 말씀으로 창조하신 것을 생각나게 한다(참고. 창 1장). 그리고 "항상 있는"이라는 표현은 말씀의 능력이 세세토록 존재하며 실효적이라는 점을 드러낸다. 따라서 베드로는 말씀의 능력을 강조한다. 이러한 강조는 "대저 하나님의 모든 말씀은 능하지 못하심이 없느니라"는 말씀에 어울린다(눅 1:37).

하나님께서는 오로지 말씀이라는 매개체를 사용하셔서 우리를 거듭나게 하신다. 즉 구원의 주체이신 하나님이 사용하시는 방법은 오직 말씀이다. 말씀은 사람을 전인적으로 변화시켜서 새롭게 한다. 말씀 외에는 우리를 새롭게 태어나게 할 방도가 없다. 그래서 베드로는 그리스도인들이 진리를 순종함으로 깨끗해진 상태가 되었고, 그들이 서로 사랑하는 공동체를 이루고 있음을 말하는 가운데, 그들이 이런 상태에 이른 것이 말씀으로 말미암은 것임을 확인시켜 준다. 아울러, 베드로는 이 말을 통하여 우리에

---

64) "살아 있고"(ζῶντος)와 "항상 있는"(μένοντος)이 "하나님"(θεοῦ)에 걸리는지, "말씀"(λόγου)에 걸리는지 논란이 있다. 헬라어 문장으로 보아서는 "살아 있고"가 하나님에 걸릴 수도 있고 말씀에 걸릴 수도 있지만, "항상 있고"가 하나님에 걸린다고 보면 불필요한 표현이 되어서 말씀에 걸리는 것으로 보는 것이 더 적절하기 때문에 많은 학자는 이들을 모두 말씀에 연결한다. 그렇게 되면 이것은 '하나님의 살아 있고 항상 있는 말씀'이 된다. 이에 대해서 J. Ramsey Michaels, 224를 참고하라.

게 선교의 사명을 일깨워준다. 우리는 믿지 않는 자들에게 무엇보다도 말씀을 들고 나아가야 한다. 말씀이 있는 곳에서 거듭남의 역사가 있다.

24-25절 _ 23절에서 언급된 하나님의 말씀의 영원성은 이 구절 안에서 강조된다.[65] 여기서 베드로는 이사야 40:6-8을 인용한다(참고. 약 1:10-11).[66] "모든 육체"는 거듭나지 않은 모든 인간을 가리킨다. 그리고 "모든 영광"은 거듭나지 않은 모든 인간들이 소유한 모든 멋지고 찬란한 것을 뜻한다. 베드로는 인간의 아름다운 영광을 부인하지 않는다. 하지만 그는 언젠가 그것들이 없어질 것이라고 말한다. 인간은 자신을 중요하게 여기고 자신의 영광에 집착하는 경향이 있지만, 그것은 결국 사라져 버린다. 즉 그것은 한시적이고 일시적이다. 이어서 베드로는 "오직 주의 말씀은 세세토록 있도다"라고 하면서, "너희에게 전한 복음이 곧 이 말씀이니라"라고 설명한다. 따라서 베드로는 거듭남을 일으키는 말씀의 효력과 영원성을 강조한다.

설교자를 위한 지침

1. 이 단락에는 구원받은 그리스도인이 기본적으로 가져야 할 마음가짐이 무엇인지 기록되어 있다. 따라서 설교자는 이 권면을 중심으로 설교 대지를 만드는 것이 좋다. 그렇게 한다면 설교 주제와 대지는 단순하고 명확해진다. 주제는 구원받은 사람의 자세(마음가짐)이고, 대지는 다음의 네 가

---

65) Wayne A. Grudem, 141.

66) 베드로는 LXX를 인용했다. 그런데 그는 이사야의 말을 조금 변형시켜서 '하나님'(θεός)의 말씀을 '주'(κύριος)의 말씀으로 바꾸었다. 그리고 그는 '말씀'에 대하여 LXX와 같이 '레마'(ῥῆμα)라는 헬라어를 사용했는데, 이는 23절(참고. 2:8; 3:1)의 로고스(λόγος)와 다르지 않다. Donald P. Senior, 48.

지이다. 1) 은혜를 바람(소망), 2) 거룩함(행실), 3) 하나님을 두려워함(경외), 4) 형제를 사랑함.

2. 본문에 있는 단어들의 용례를 해석할 때 주의해야 할 점이 있다. 예를 들어, 베드로는 구원, 순종, 거듭남, 대속함, 정결 등의 단어를 같은 의미 혹은 연결되는 의미로 썼다. 그리고 그는 비슷한 단어들을 종종 반복해서 사용함으로 강조의 효과를 극대화했다. 따라서 설교자는 이 서신의 단어의 용례와 의미에 대해서 주석을 참고하여 잘 파악한 채 적용을 시도해야 한다. 이에 대한 신학적인 통찰을 가지지 못하면 해석의 일관성과 설교의 요지가 손상된다.

3. 설교자는 베드로가 자신의 주장을 설득력 있게 제시하기 위해서 구약성경을 인용한 것을 주목해야 한다. 이는 베드로가 구약성경을 잘 알고 있었다는 점을 시사할 뿐만 아니라, 성경에 근거한 설교라야 권위와 효력을 가진다는 점을 보여준다. 따라서 너무나 당연한 말이지만, 설교자는 성경에 바탕을 둔 논증과 설득을 하려고 애써야 한다. 결코, 설교자는 세상의 가치관이나 근거 없는 예화를 가지고 청중을 설득시키고 변화시키려고 하지 말아야 한다.

3. 구원받은 자의 성장(2:1-10)

2:1 그러므로 모든 악독과 모든 기만과 외식과 시기와 모든 비방하는 말을 버리고

2:2 갓난 아기들 같이 순전하고 신령한 젖을 사모하라 이는 그로 말미암아 너희로 구원에 이르도록 자라게 하려 함이라

2:3 너희가 주의 인자하심을 맛보았으면 그리하라

2:4 사람에게는 버린 바가 되었으나 하나님께는 택하심을 입은 보배로운 산 돌이신 예수께 나아가

2:5 너희도 산 돌 같이 신령한 집으로 세워지고 예수 그리스도로 말미암아 하나님이 기쁘게 받으실 신령한 제사를 드릴 거룩한 제사장이 될지니라

2:6 성경에 기록되었으되 보라 내가 택한 보배로운 모퉁잇돌을 시온에 두노니 그를 믿는 자는 부끄러움을 당하지 아니하리라 하였으니

2:7 그러므로 믿는 너희에게는 보배이나 믿지 아니하는 자에게는 건축자들이 버린 그 돌이 모퉁이의 머릿돌이 되고

2:8 또한 부딪치는 돌과 걸려 넘어지게 하는 바위가 되었다 하였느니라 그들이 말씀을 순종하지 아니하므로 넘어지나니 이는 그들을 이렇게 정하신 것이라

2:9 그러나 너희는 택하신 족속이요 왕 같은 제사장들이요 거룩한 나라요 그의 소유가 된 백성이니 이는 너희를 어두운 데서 불러 내어 그의 기이한 빛에 들어가게 하신 이의 아름다운 덕을 선포하게 하려 하심이라

2:10 너희가 전에는 백성이 아니더니 이제는 하나님의 백성이요 전에는 긍휼을 얻지 못하였더니 이제는 긍휼을 얻은 자니라

〈본문의 위치와 구조〉

베드로는 1:3-12에서 구원의 의미를 말했고, 1:13-25에서 구원받은 자의 자세에 대해서 말했는데, 이제 2:1-10에서 구원받은 자의 성장에 대해서 말한다. 즉 그리스도인이 구원을 받은 후에 어떻게 해야 올바른 삶의 자세

를 유지할 수 있으며, 점점 거룩해질 수 있는지를 언급한다. 따라서 그는 논리적인 연속성을 잘 유지하고 있다. 이 단락에서 베드로는 말씀과 교회를 거론하는데, 그가 전달하려는 요점은 구원 받은 자의 성장이 하나님의 말씀을 통해서 가능해진다는 사실이며, 또한 말씀의 공급처인 교회를 통해서 가능해진다는 사실이다.

2:1-3   순전하고 신령한 젖을 사모하라
2:4-10   신령한 집으로 세워지라

〈본문주해〉

순전하고 신령한 젖을 사모하라(2:1-3)

1절 _ 접속사 "그러므로"(οὖν)는 1:23-25에서 말한 말씀의 효력과 영원성이 이 구절과 연결된다는 점을 보여준다. 베드로는 앞에서 사람이 하나님의 말씀으로 새롭게 태어난다고 말했는데, 이제 여기서 말씀으로 새롭게 태어난 사람이 말씀으로 성장할 수 있다는 점을 말하려고 한다. 즉 베드로는 사람이 말씀으로 거듭났기 때문에 '그러므로 … 을 하라' 고 말하는 것이다. 1-2절의 권면은 "버리고"와 "사모하라"는 말로 정리된다. 1절의 "버리고"는 아오리스트 분사로서 주동사에 종속되며, 주동사는 2절의 "사모하라"로서 아오리스트 명령법으로 되어 있다.

먼저, 1절의 헬라어 원문에는 "버리고"(ἀποτίθημι)라는 단어가 제일 앞에 위치해 있어서 강조되어 있다. 이 단어가 의미하는 것은, 그리스도인이 성장하기 위해서 무엇보다도 성장을 저해하는 모든 요소를 과감하게 버려

야 한다는 사실이다. 수신자들은 처음 복음을 믿고 그리스도인이 되었을 때 과거의 삶을 마치 헌 옷을 벗어 던지는 것처럼 벗어 버렸다(참고. 행 7:58).[67] 사람은 누구든지 헌 옷을 입은 채로 새 옷을 입지 않는다. 새 옷을 입으려면 헌 옷을 벗어야 한다. 마찬가지로 거듭난 사람은 헌 옷, 곧 과거를 벗어 버리고 새로운 삶을 시작해야 한다.

그렇다면 그리스도인이 버려야 할 것들은 무엇인가? 그것은 "모든 악독과 모든 기만과 외식과 시기와 모든 비방하는 말"이다(참고. 롬 1:29; 고후 12:20; 엡 4:31; 골 3:8). 이 단어 하나하나의 뜻을 찾는 일은 별로 의미가 없다. 베드로가 열거한 것들은 진리를 순종함으로 영혼이 깨끗해진 사람들이 반드시 처리해야 하는 것들이다. 이 문구는 앞 단락의 "전에 알지 못할 때에 따르던 너희 사욕을 본받지 말고"라는 권면과 같다(1:14). 이런 악들은 신자들을 이간질하며, 신자들의 공동체인 교회를 파괴하고, 궁극적으로 복음의 확장을 가로 막는다. 따라서 신자들은 이런 악들을 물리치기 위해서 노력해야 한다. 그런 과정이 없으면 복음 전파가 어렵다.

2절 _ 1절은 성장을 저해하는 것을 버리라는 권면이지만, 2절은 성장을 촉진하는 것을 사모하라는 권면이다. "갓난아기들 같이"라는 말은 1:23의 '거듭남'의 이미지와 잘 어울린다. "순전하고 신령한 젖"이라는 표현은 하나님의 말씀을 의미하는데,[68] 하나님의 말씀이 순전하고 신령한 특성을 가지고 있다는 뜻이다. "순전하고"에 해당하는 헬라어 단어 '아돌론'

---

67) 오광만, 97.

68) 고린도전서 3:1-3과 히브리서 5:12-14에서 '젖'(milk)의 은유는 성장하지 않는 그리스도인들과 연관되어 사용되었다. 즉 바울과 히브리서 저자는 겨우 젖밖에 먹지 못하는 미성숙한 신자들을 질책하기 위해서 이 은유를 사용했다. 그러나 베드로는 그곳들에서와 달리 젖을 그리스도인의 성장에 필요한 자양분(nourishment)의 의미로 사용하였다. 따라서 같은 젖에 대한 언급이라 하더라도 문맥에 따라서 다른 의미를 가질 수 있다는 점을 기억해야 한다.

(ἄδολον)은 속이지 않고 섞이지 않은 것을 뜻한다. 그리고 "신령한"에 해당하는 헬라어 단어 '로기콘'(λογικòν)은 '말씀'에 해당하는 '로고스'와 같은 어근을 가진다.[69] "그로 말미암아 너희로 구원에 이르도록 자라게 하려 함이라"는 말은 하나님의 말씀이 사람을 거듭나게 하고, 계속해서 자라게 한다는 뜻이다.

3절 _ "너희가 주의 인자하심을 맛보았으면 그리하라"는 말은 2절의 "순전하고 신령한 젖을 사모하라"는 명령을 보충한다. 베드로는 여기서 시편 34:8을 인용한다.[70] 시편의 문맥은 하나님께서 그분을 신뢰하는 사람들의 모든 필요를 매일매일 제공하신다는 사실로 인해 그분을 기뻐하도록 독려하는 것이다.[71] 따라서 베드로는 "너희가 주의 인자하심을 맛보았으면"이라는 표현을 통하여 하나님의 사랑과 공급을 말하려고 한다. 따라서 이 문구는 '만일 너희가 구원을 받으면서 주님의 사랑을 체험했다면'이라는 뜻을 가진다.[72] 그런데 헬라어 원문에서는 문장의 제일 앞에 '만일'(εἰ : if indeed)이라는 단어가 있다. 이것은 단순한 조건을 뜻하는 것이 아니라, 강조하려는 의도를 가진다. 따라서 이 문구는 '너희가 주의 인자하심을 맛보았으므로 그리하라'는 뜻이 된다.

사람은 구원을 받을 때 하나님이 얼마나 그를 사랑하시는지를 절실히 경험하게 된다. 더욱이 신자를 구원하시고 신자의 아버지가 되시는 하나님은 그 자체로 사랑과 인자와 선하심이 충만하신 분이다. 그렇다면 구원

---

69) 이에 대해서, D. McCartney, "Logikos in 1 Peter 2:2," *Zeitschrift für die neutestamentliche Wissenschaft* 82(1991): 352-59를 참고하라.

70) 시편 34편은 히브리서 6:4-5에서도 종교적인 경험과 연관하여 인용되었다.

71) Wayne A. Grudem, 148.

72) 이 문구의 의미 파악을 위하여, Peter H. Davids, 84를 보라.

받고 하나님의 사랑을 경험한 사람이 해야 할 일은 무엇인가? 그것은 지속해서 말씀을 섭취함으로 하나님의 선하신 성품을 맛보며 즐기는 것이다. 말씀의 젖을 먹는 것은 하나님이 어떤 분이신가를 다시 또다시 맛보아 아는 것인데, 주님의 말씀을 들음으로 신자들은 주님 자체와 개인적인 교제의 기쁨을 경험하게 된다.[73] 그리고 그렇게 할 때 신자는 계속해서 성장할 수 있다. 결국, 신자의 성장은 말씀 섭취를 통해서 가능하다.

신령한 집으로 세워지라(2:4-10)

4절 _ 베드로는 그리스도인의 성장을 말하는 문맥에서(2:1-10), 4-10절에서는 방향을 조금 바꾸어 '교회' 에 대하여 말한다. 따라서 초점이 개인에게서 집단(교회)으로 옮겨진다. 하지만 이것은 새로운 단락이 시작되었음을 뜻하는 것이 아니다. 이것은 신자가 성장할 때 말씀을 먹음으로 성장하지만, 또한 교회를 통하여 성장한다는 점을 드러내고자 하는 것이다. 구원은 개인적으로 받지만, 반드시 집단적인 성격을 가진다. 구원받은 사람은 혼자서 성장하지 않고, 교회를 이루어 같이 성장한다. 교회는 신자의 어머니와 같다. 곧 교회는 신자의 성장 모판이다. 더군다나 교회는 말씀의 공급처이다. 교회가 없으면 말씀을 들을 기회를 얻지 못한다. 하나님은 교회를 세우시고 말씀의 직분자를 세우셔서 신자들에게 말씀을 먹여 성장하게 하신다.

1-3절에서는 음식은유가 나왔는데, 여기서는 건축은유가 나온다. 베드로는 교회를 건물로 표현하면서 함께 세워져야 한다고 말한다.[74] 이처럼

---

73) Wayne A. Grudem, 149.

74) 이에 대하여, Paul S. Minear, "The House of Living Stones: A Study of 1 Peter 2:4-12," *Ecumenical Review* 34(1982): 238-48을 참고하라.

신약성경에서 자주 교회는 건물에 비유된다(참고. 고전 3:16-17; 고후 6:16; 엡 2:20-22; 딤전 3:15; 히 3:6; 10:21-22). 성전은 죽은 돌로 지어졌지만, 교회는 살아 있는 돌인 예수님과 신자들로 지어진다. 건물은유가 주는 교훈은 이렇다. '건물은 함께 지어져 가는 것이며, 건물이 완성되면 그 안에서 안식과 교제를 얻는다. 마찬가지로 교회는 신자들이 함께 세워가는 것이고, 교회 안에서 신자들은 안식과 교제를 가진다.' 그러므로 교회를 건물로 은유하는 것은 신자들의 연합과 연대를 강조한다.

"사람에게는 버린 바가 되었으나"라는 어구에서 "버린 바가 되었으나"(ἀποδεδοκιμασμένον)는 완료분사인데, 이것은 과거에 예수님이 유대인들에게 버림받았음을 뜻하지만, 동시에 지금도 여전히 사람들에게서 거부되고 있는 현실을 반영한다(참고. 2:6-7). "하나님께는 택하심을 입은"이라는 말은 사람들의 거부와 대조되는데, 하나님이 그리스도를 통한 구원을 예정하신 사실을 뜻한다. "보배로운 산 돌이신 예수"에서 "보배로운"이란 표현은 사람들이 예수님이 얼마나 귀한 분인지를 모르고 불신하며 버렸던 사실에 대한 비판을 함의한다. 게다가 이것은 사람들이 불신앙으로 예수님을 배척한 것이 그분의 보배로움을 조금도 손상시키지 못함을 암시한다.[75]

"산 돌"(λίθον ζῶντα : living stone)이란 표현은 의미심장하다. 구약에서 반석은 하나님을 상징한다(참고. 신 32:4; 삼하 23:3; 사 26:4; 30:29; 시 62:2, 6-7).[76] 그러나 여기서 베드로는 돌(반석)을 예수님에게 적용한다. 그런데 베드로가 예수님을 '살아 있는 돌'이라고 표현한 것은 구약이나 고대 문헌에서 '돌'이 죽은 우상을 가리키는 경우가 있었기 때문이다. 따라서 베드로는

---

75) Matthew Poole, 99.

76) Donald P. Senior, 53.

이 표현을 사용하여 예수님의 신적 정체성을 강하게 드러낸다. 그리고 "나아가"(προσερχόμενοι)는 현재분사로서 명령의 의미를 가지는데, 이것은 처음 회심하는 것이 아니라 회심한 사람들이 계속해서 예수님께 나아가는 것을 뜻한다. 특히, 이것은 구약에서 사람들이 하나님 앞에 나아오는 이미지를 연상시킨다(참고. 출 12:48; 16:9; 신 4:11; 5:27). 따라서 이 말은 예수님 이후 지금까지 교회가 세워지고 있다는 사실을 보여준다.

5절 _ 앞 절에서는 예수님을 '산 돌'이라고 했는데, 여기서는 신자들을 '산 돌'이라고 표현한다. 하지만 양자는 다르다. 예수님은 스스로 살아 계신 돌이신데, 신자들은 예수님으로 말미암아 생명을 받아서 살아 있는 돌이 되었다. 베드로는 "너희도 산 돌 같이 신령한 집으로 세워지고"라고 말한다. '돌'이 함께 모여서 건물을 세우듯이, '신자'는 함께 모여서 교회를 세운다.[77] "신령한 집"이란 구약시대에 돌로 지어진 '성전'이 지향하던 실체를 의미한다. 즉 "신령한 집"은 '새로운 성전'으로서, 하나님을 중심으로 한 신자들의 공동체인 '교회'를 상징한다. 교회는 그리스도를 중심으로 긴밀하게 그리고 유기적으로 연결되어 있다(참고. 엡 2:19; 히 3:6).

베드로는 "신령한 제사를 드릴 거룩한 제사장이 될지니라"라고 말하는데, 이는 신자들이 새로운 하나님의 성전일 뿐만 아니라, 하나님께 제사를 드리는 거룩한 제사장임을 의미한다. 신령한 집에서는 신령한 제사를 드린다. 신령한 제사는 구약시대처럼 동물을 잡아 바치는 제사가 아니라, 자신을 산 제물로 드려서 거룩하고 성결한 삶을 사는 것을 의미한다(참고.

---

77) Peter H. Davids는 '산 돌'의 의미와 교회적인 성격에 대하여 다음과 같이 말한다. "The Christians are not naturally 'living stones,' but become such as they are joined to Christ in conversion and baptism(cf. 2 Cor. 3:18), for it is only as they come to him that this building is possible. Nor are they pictured as individually stones, lying apart in a field or building site, but collectively as part of God's great temple." Peter H. Davids, 86.

롬 12:1). 이에 대해서 히브리서 13:15-16에는 다음과 같은 기록이 있다. "그러므로 우리는 예수로 말미암아 항상 찬송의 제사를 하나님께 드리자 이는 그 이름을 증언하는 입술의 열매니라 오직 선을 행함과 서로 나누어 주기를 잊지 말라 하나님은 이같은 제사를 기뻐하시느니라."

"예수 그리스도로 말미암아 하나님이 기쁘게 받으실"이라는 표현은 그리스도인이 하나님께 나아갈 수 있는 근거가 예수 그리스도인 것을 분명히 해 준다. 구약의 제사에서 반드시 필요한 진자는 짐승이 죽임을 당하는 것이었다. 필시 짐승의 피 흘림이 없이는 하나님께 죄 용서를 받을 수 없었다. 이제 신약시대에 예수님은 십자가에서 죽으심으로 구약시대의 짐승 희생을 성취하셨다. 결코, 예수 그리스도가 없이는 하나님이 기쁘게 받으실 제사를 드릴 수 없다. 베드로는 다음과 같이 말했다. "오직 흠 없고 점 없는 어린 양 같은 그리스도의 보배로운 피로 된 것이니라"(1:19). 히브리서 기자는 다음과 같이 구체적으로 기술한다. "예수도 자기 피로써 백성을 거룩하게 하려고 성문 밖에서 고난을 받으셨느니라"(히 13:12).

6절 _ 헬라어 본문에서 이 구절의 문두에는 이유를 나타내는 접속사 '디오티'(διότι)가 있다. 이것은 여기에 인용할 성경이 베드로가 4-5절에서 말했던 내용의 근거가 된다는 뜻이다. 즉 그는 성경을 인용하여 돌에 관한 구약의 세 개의 은유를 언급함으로 4-5절의 이유, 곧 그리스도가 신령한 집을 건축하기 위한 '산 돌'인 것의 이유를 제시한다. "성경에 기록되었으되"는 6-8절 전체를 지배한다.[78] 6절에서 베드로는 이사야 28:16을 인용한다. "보라"는 단어는 여호와께서 하신 일에 대한 주의를 환기하는 역할을 한다. "시온"은 예루살렘을 뜻하지만, 여기서 하나님의 언약을 상징한다.

---

78) "성경에 기록되었으되"(περιέχει ἐν γραφῇ)라는 어구의 용례와 베드로의 사용에 대해서 J. Ramsey Michaels, 264를 보라.

"내가 택한 보배로운 모퉁잇돌"이라는 표현은 대단히 중요하다. 이것은 예수님을 가리키는데, 예수님께서 하나님이 택하신 분이시며(하나님은 구원을 예정하셨고, 예수님을 죽은 자 가운데서 살리셨음), 보배로운 분이시고(사람들은 그분을 모르고 버렸음), 모퉁잇돌(건물을 연결하는 가장 중요한 돌)이시다. 그리스도는 교회 전체의 기초이시다. 그분 위에서 교회를 이루는 모든 신자가 연결된다. 이러한 사상은 바울에 의해서도 제시되었다. "너희는 사도들과 선지자들의 터 위에 세우심을 입은 자라 그리스도 예수께서 친히 모퉁잇돌이 되셨느니라"(엡 2:20). 따라서 교회는 예수 그리스도를 중심으로 해야 하며, 예수 그리스도의 지배를 받아야 하고, 예수 그리스도의 뜻을 구현해야 하며, 예수 그리스도의 영광을 드러내야 한다.

베드로는 "그를 믿는 자는 부끄러움을 당하지 아니하리라"라고 말한다. 여기서 "부끄러움을 당하지 아니하리라"(οὐ μὴ καταισχυνθῇ)의 헬라어 원문에는 부정을 의미하는 단어들 두 개가 결합되어(οὐ μὴ) '결코 아니하리라'라는 의미를 만들어서 강조되어 있다. 따라서 베드로는 그리스도를 믿는 자가 '결코' 부끄러움을 당하지 않을 것이라고 강조하여 말한다. 이에 대하여 바울은 다음과 같이 유사하게 말했다. "기록된 바 보라 내가 걸림돌과 거치는 바위를 시온에 두노니 그를 믿는 자는 부끄러움을 당하지 아니하리라 함과 같으니라"(롬 9:33). 베드로와 바울의 의도는 분명하다. '그리스도를 믿는 자는 반드시 구원을 얻을 것이며, 하나님은 결코 그를 버리지 않으실 것이다.'

7절 _ 이 구절에 두 개의 결말이 기록되어 있다. 즉 예수님을 믿는 자와 믿지 않는 자의 결과가 언급되어 있다. 먼저, 믿는 자의 결말이 나온다. "믿는 너희에게는 보배이나"라는 말은 예수님을 믿는 사람들이 보배롭게 될 것이라는 뜻이다. 그런데 헬라어 원문에서 "보배이나"는 '티메'(τιμή)

이다. 이 단어는 '영광'(honor)으로도 번역할 수 있는데, '영광'은 주후 1세기 지중해 연안 국가에서 대단히 중요한 사회-종교적 가치를 가진다.[79] 그리고 베드로가 이 단어를 사용했을 때, 이 단어는 종말에 하나님 앞에서 신원되는 것으로서 '부끄러움을 당하지 않는 것'이란 개념과 같다. 그리고 1:7의 "예수 그리스도께서 나타나실 때에 칭찬과 영광과 존귀를 얻게 할 것이니라"는 말과 연관된다.[80] 결국, 예수님을 믿는 자는 부끄러움을 당하지 않을 뿐만 아니라 영예롭게 될 것이다. 그는 구원받은 것을 크게 기뻐하고 감사할 것이다.

다음으로, 믿지 않는 자의 결말이 나온다. "믿지 아니하는 자에게는 건축자들이 버린 그 돌이 모퉁이의 머릿돌이 되고"라는 말은 시편 118:22의 "건축자가 버린 돌이 집 모퉁이의 머릿돌이 되었나니"를 인용한 것이다. 이 말은 예수 그리스도를 반대하고 배척한 자들에 대해서 예수 그리스도가 "모퉁이의 머릿돌", 즉 그들을 억제하고 통제하는 왕과 재판장이 되신다는 뜻이다.[81] 당시에 예수님을 반대하고 배척하고 심지어 죽인 자들은 유대의 종교지도자들을 비롯한 사악한 무리들이다. 그리고 여기에는 베드로전서의 수신자들을 둘러싼 기독교에 적대적인 무리도 포함된다. 사악한 자들은 예수님을 죽였지만, 하나님은 예수님을 살리셔서 모퉁이의 머릿돌이 되게 하셨다. 그리하여 그들은 예수님을 통해서 심판을 받을 것이다.

8절 _ 베드로는 믿지 않는 자가 받을 벌을 계속해서 말한다. "또한 부딪치는 돌과 걸려 넘어지게 하는 바위가 되었다 하였도다." 이것은 이사야 8:14를 인용한 것이다. 이사야는 다음과 같이 예언했다. "그가 성소가 되

---

79) Donald P. Senior, 55.

80) J. Ramsey Michaels, 267-68.

81) Matthew Poole, 103.

시리라 그러나 이스라엘의 두 집에는 걸림돌과 걸려 넘어지는 반석이 되실 것이며 예루살렘 주민에게는 함정과 올무가 되시리니 많은 사람들이 그로 말미암아 걸려 넘어질 것이며 부러질 것이며 덫에 걸려 잡힐 것이니라"(사 8:14-15). 그런데 이 말은 사람들이 그리스도 때문에 걸려 넘어진다는 뜻이 아니다. 오히려 그들이 자신들의 잘못과 무지 때문에 스스로 걸려 넘어진다는 뜻이다. 따라서 그들의 넘어짐은 그들 자신의 잘못이다.

베드로는 "그들이 말씀을 순종하지 아니하므로 넘어지나니"라고 말한다. 여기서 말씀을 순종하지 않는다는 말은 말씀을 믿지 않는다는 뜻이다. 그들은 말씀을 거부하고 받아들이지 않았다. 즉 그들은 예수 그리스도의 복음을 믿지 않았다. 그래서 그들은 넘어졌다. "이는 그들을 이렇게 정하신 것이라"는 말은 하나님께서 구원받을 자와 구원받지 못할 자를 미리 정해 놓으셨다는 뜻이다. 이에 대해서 베드로는 1:2에서 "하나님 아버지의 미리 아심을 따라"라고 말했다. 그리고 바울도 에베소서 1:11에서 다음과 같이 말했다. "모든 일을 그의 뜻의 결정대로 일하시는 이의 계획을 따라 우리가 예정을 입어 그 안에서 기업이 되었으니." 필시 하나님은 어떤 사람에게는 믿음을 주셔서 구원을 받게 하셨지만, 어떤 사람에게는 믿음을 주시지 않아서 불신앙 가운데 그냥 내버려 두어 멸망에 처하게 하셨다(참고. 롬 9:22).

9절 _ 8절에서 믿지 않는 자들의 결말을 말한 베드로는, 이제 믿는 자들의 결말을 말한다. "그러나 너희는"이란 표현은 하나님의 예정에 의해서 믿음을 가지게 된 사람들을 가리킨다. 베드로는 여기서 구약성경 여러 곳을 인용하여 믿음을 가진 자들의 신분을 네 가지로 묘사한다. 하지만 여기서 기억해야 할 것은 이 표현들이 그리스도인을 개인적으로 묘사하는 것이 아니라 교회적으로 묘사하는 것이라는 사실이다. 지금 베드로는 교회를 말하는 문맥에서 그리스도인들이 함께 연대하고 사랑하며 같은 목표를 가지고 나아가는 것을 말하는 가운데 이 말을 하고 있다. 아울러, 이 단어들은 그 자체로 집단성을 가지고 있다. 따라서 이것을 교회의 신분과 지위와 능력으로 이해하는 것이 바람직하다.

베드로는 출애굽기 19:6과 이사야 43:20-21에 나오는 칭호들을 가지고 구약 몇 군데를 참고하여 믿는 자들이 얼마나 영광스러운 지위를 가졌는지를 말한다. 믿는 자들은 "택하신 족속"(a chosen nation, 참고. 사 43:20-21), "왕 같은 제사장들"(a royal priesthood, 참고. 출 19:6), "거룩한 나라"(a holy people, 참고. 출 19:6), "그의 소유가 된 백성"(a peculiar people, 참고. 사 43:20-21; 말 3:17)이다. 이런 칭호는 구약에서 이스라엘에게 적용되었지만, 신약에서 교회에 적용되어, 교회가 이스라엘의 완성이요 성취라는 점에서 의의가 있다는 점을 깨닫게 한다. 하나님은 새로운 이스라엘을 세우시고 그들에게 놀라운 지위를 부여하셨다.

"택하신 족속"이란 세상으로부터 선택을 받았을 뿐만 아니라 같은 유대인 중에서도 선택을 받은 자들을 가리킨다. 믿는 자들은 자의에 의해서 하나님께 나아온 것이 아니라 하나님의 선택을 받아 불려 나온 자들이다. "왕 같은 제사장들"(βασίλειον ἱεράτευμα)은 통치권을 가진 왕과 하나님께 영적인 제사를 드릴 수 있는 제사장을 합친 것인데, "왕권을 가진 제사장들"이라고 번역하는 것이 적절하다. 믿는 자들은 지금 세상을 정복하고 다스릴 뿐만 아니라, 장차 신천신지에서 왕 노릇할 것이다(참고. 계 5:10; 20:6). "거룩한 나라"는 믿는 자들이 그리스도의 보배로운 피로 성결하게 된 사람들임을 의미한다. 그리고 "그의 소유가 된 백성"이란 하나님께서 믿는 자들을 선택하셔서 자기 백성으로 삼으셨음을 뜻한다(참고. 딛 2:14).

베드로는 이어서 하나님께서 이렇게 신자들을 자신의 백성으로 선택하여 주신 이유(목적)를 말한다. "이는 너희를 어두운 데서 불러내어 그의 기이한 빛에 들어가게 하신 이의 아름다운 덕을 선포하게 하려 하심이라." "너희를 어두운 데서 불러내어"란 무지한 가운데 의심하며 타락하여 멸망할 수밖에 없는 상태로부터 구원해 주신 것을 의미한다. "그의 기이한 빛에 들어가게 하신"다는 말은 새로운 삶을 얻게 되었다는 뜻이다. "아름다운 덕을 선포하게 하려 하심이라"는 말은 하나님의 자비롭고 놀라운 성품과 그분의 구원 계획을 알리는 것을 의미한다. 따라서 하나님은 우리를 부르셔서 우리가 불신과 무지에서 벗어나게 하실 뿐만 아니라, 우리가 다른 사람들에게 복음을 전파하여 그들도 우리와 같은 상태가 되게 하려 하신다.

10절 _ 베드로는 우리의 신분 변화를 요약한다. 여기서 베드로는 호세아 1:1-11을 인용하여 하나님이 언약을 성취하신 일을 말한다. 이 구절은 두 개의 "전에는 … 이제는"(ποτε … νῦν)이 이끄는 문장의 병렬로 되어 있다(참고. 엡 2:11-13). "너희가 전에는 백성이 아니더니 이제는 하나님의 백성이요"와 "전에는 긍휼을 얻지 못하였더니 이제는 긍휼을 얻은 자니라"는 같은 말이다. "전에는 백성이 아니더니"라는 말은 타락하고 오염되어 하나님과 단절된 상태로 있었다는 뜻이다(참고. 롬 9:25-26). 그리고 "전에는 긍휼을 얻지 못하였더니"라는 말은 하나님이 사람을 구원하시는 일이 그분의 많으신 긍휼대로 되는 것임을 시사한다(참고. 1:3). 따라서 이 말은 우리가 구원을 받은 것이 전적으로 하나님의 은혜와 주권과 역사로 말미암은 것이라는 뜻이다. 따라서 우리는 구원받은 것을 자랑할 수 없다. 그것은 전적으로 하나님의 은혜이다(참고. 엡 2:8-9).

| 설교자를 위한 지침 |

1. 이 단락에는 구원받은 사람이 어떻게 성장할 수 있는지가 기록되어 있다. 베드로는 그 방법으로 두 가지를 제시한다. 하나는 말씀이고, 다른 하나는 교회이다. 그런데 이 두 가지는 별개의 것이 아니라 서로 밀접하게 연결되어 있다. 곧 말씀은 그리스도인의 성장 자양분인데, 교회를 통해서 말씀이 공급된다. 그리고 교회는 그리스도인의 성장 모판인데, 말씀 때문에 세워지고 강화된다. 따라서 말씀과 교회는 같은 특질과 방향성을 가진다. 이에 설교자는 교회와 말씀이라는 두 가지 성장 방법과 이 두 개의 상관관계를 잘 정리해서 설교해야 한다.

2. 오늘날 교회는 매우 세속화되어 있다. 많은 그리스도인과 지도자가 교회의 의미와 본질과 목표와 역할이 무엇인지를 모른다. 교회를 마치 세상에서 교육이나 친목을 도모하는 단체와 비슷한 것으로 이해하는 이들이 적지 않다. 이에 설교자는 교회가 거룩한 신적 공동체임을 강조해야 한다. 더욱이 교회가 개교회주의화 되고 이기주의화 되며, 때로 어떤 나라에서나 지역에서는 민족주의나 인종주의에 함몰된 경우가 있는데, 설교자는 신자들이 이를 탈피해야 한다는 점을 부각해야 한다.

3. 설교자는 '택하신 족속, 왕 같은 제사장들, 거룩한 나라, 그의 소유가 된 백성'이라는 표현들의 의미를 잘 파악하고 살려서 설교할 필요가 있다. 이 단어들은 교회가 얼마나 큰 특권과 능력을 갖추고 있는지를 보여준다. 설교자는 이 단어들이 매우 풍부한 구약적 의미를 내포하고 있는 사실을 실[illegible]하고, 현대를 살아가는 우리의 삶과 정황에 적용할 수 있는 방안을 제시해야 한다. 이러한 점을 알리는 것은 신자들이 자부심과 적극성을 가지게 할 것이다.

단원 Ⅲ _ 그리스도인의 사회생활
(2:11-3:12)

2:11 사랑하는 자들아 거류민과 나그네 같은 너희를 권하노니 영혼을 거슬러 싸우는 육체의 정욕을 제어하라

2:12 너희가 이방인 중에서 행실을 선하게 가져 너희를 악행한다고 비방하는 자들로 하여금 너희 선한 일을 보고 오시는 날에 하나님께 영광을 돌리게 하려 함이라

2:13 인간의 모든 제도를 주를 위하여 순종하되 혹은 위에 있는 왕이나

2:14 혹은 그가 악행하는 자를 징벌하고 선행하는 자를 포상하기 위하여 보낸 총독에게 하라

2:15 곧 선행으로 어리석은 사람들의 무식한 말을 막으시는 것이라

2:16 너희는 자유가 있으나 그 자유로 악을 가리는 데 쓰지 말고 오직 하나님의 종과 같이 하라

2:17 뭇 사람을 공경하며 형제를 사랑하며 하나님을 두려워하며 왕을 존대하라

2:18 사환들아 범사에 두려워함으로 주인들에게 순종하되 선하고 관용하는 자들에게만 아니라 또한 까다로운 자들에게도 그리하라

2:19 부당하게 고난을 받아도 하나님을 생각함으로 슬픔을 참으면 이는 아름다우나

2:20 죄가 있어 매를 맞고 참으면 무슨 칭찬이 있으리요 그러나 선을 행함으로 고난을 받고 참으면 이는 하나님 앞에 아름다우니라

2:21 이를 위하여 너희가 부르심을 받았으니 그리스도도 너희를 위하여 고난을 받으사 너희에게 본을 끼쳐 그 자취를 따라오게 하려 하셨느니라

2:22 그는 죄를 범하지 아니하시고 그 입에 거짓도 없으시며

2:23 욕을 당하시되 맞대어 욕하지 아니하시고 고난을 당하시되 위협하지 아니하시고 오직 공의로 심판하시는 이에게 부탁하시며

2:24 친히 나무에 달려 그 몸으로 우리 죄를 담당하셨으니 이는 우리로 죄에 대하여 죽고 의에 대하여 살게 하려 하심이라 그가 채찍에 맞음으로 너희는 나음을 얻었나니

2:25 너희가 전에는 양과 같이 길을 잃었더니 이제는 너희 영혼의 목자와 감독 되신 이에게 돌아왔느니라

3:1 아내들아 이와 같이 자기 남편에게 순종하라 이는 혹 말씀을 순종하지 않는 자라도 말로 말미암지 않고 그 아내의 행실로 말미암아 구원을 받게 하려 함이니

3:2 너희의 두려워하며 정결한 행실을 봄이라

3:3 너희의 단장은 머리를 꾸미고 금을 차고 아름다운 옷을 입는 외모로 하지 말고

3:4 오직 마음에 숨은 사람을 온유하고 안정한 심령의 썩지 아니할 것으로 하라 이는 하나님 앞에 값진 것이니라

3:5 전에 하나님께 소망을 두었던 거룩한 부녀들도 이와 같이 자기 남편에게 순종함으로 자기를 단장하였나니

3:6 사라가 아브라함을 주라 칭하여 순종한 것 같이 너희는 선을 행하고 아무 두려운 일에도 놀라지 아니하면 그의 딸이 된 것이니라

3:7 남편들아 이와 같이 지식을 따라 너희 아내와 동거하고 그를 더 연약한 그릇이요 또 생명의 은혜를 함께 이어받을 자로 알아 귀히 여기라 이는 너희 기도가 막히지 아니하게 하려 함이라

3:8 마지막으로 말하노니 너희가 다 마음을 같이하여 동정하며 형제를 사랑하며 불쌍히 여기며 겸손하며

3:9 악을 악으로, 욕을 욕으로 갚지 말고 도리어 복을 빌라 이를 위하여 너희가 부르심을 받았으니 이는 복을 이어받게 하려 하심이라

3:10 그러므로 생명을 사랑하고 좋은 날 보기를 원하는 자는 혀를 금하여 악한 말을 그치며 그 입술로 거짓을 말하지 말고

3:11 악에서 떠나 선을 행하고 화평을 구하며 그것을 따르라

3:12 주의 눈은 의인을 향하시고 그의 귀는 의인의 간구에 기울이시되 주의 얼굴은 악행하는 자들을 대하시느니라 하였느니라

1. 일반적인 원리와 정부에 대한 태도(2:11-17)

2:11 사랑하는 자들아 거류민과 나그네 같은 너희를 권하노니 영혼을 거슬러 싸우는 육체의 정욕을 제어하라

2:12 너희가 이방인 중에서 행실을 선하게 가져 너희를 악행한다고 비방하는 자들로 하여금 너희 선한 일을 보고 오시는 날에 하나님께 영광을 돌리게 하려 함이라

2:13 인간의 모든 제도를 주를 위하여 순종하되 혹은 위에 있는 왕이나

2:14 혹은 그가 악행하는 자를 징벌하고 선행하는 자를 포상하기 위하여 보낸 총독에게 하라

2:15 곧 선행으로 어리석은 사람들의 무식한 말을 막으시는 것이라

2:16 너희는 자유가 있으나 그 자유로 악을 가리는 데 쓰지 말고 오직 하나님의 종과 같이 하라

2:17 뭇 사람을 공경하며 형제를 사랑하며 하나님을 두려워하며 왕을 존대하라

〈본문의 위치와 구조〉

베드로전서의 거시구조(macro-structure)에서 볼 때 2:11-3:12는 새로운 단원이다. 앞 단원(1:3-2:10)에서 베드로는 그리스도인이 누구인지를 말했는데, 이 단원(2:11-3:12)에서 그는 앞의 논의들에 기초하여 그리스도인이 세상에서 구체적으로 어떻게 살아야 하는지를 말한다. 즉 앞에서는 그리스도인의 정체성에 대해서 말했지만, 이제부터는 그리스도인의 사회생활(윤리)에 대해서 말한다. 그는 2:11-12에서 일반적인 원리를 말하고, 2:13 이후에서 구체적인 지침을 제시한다.[82]

---

82) 베드로전서의 윤리에 대하여 관하여 더 깊이 연구하려면 다음의 책을 참고하라. J. Waal Dryden, *Theology and Ethics in 1 Peter: Paranetic Strategies for Christian Church*, WUNT II /209, Tübingen: Mohr Siebeck, 2006.

2:11-12　　　　일반적인 원리
2:13-17　　　　정부에 대한 태도

〈본문주해〉

일반적인 원리(2:11-12)

11절 _ 11-12절은 그리스도인의 사회생활(윤리)의 일반적인 원리이다. 베드로는 편지를 받는 수신자들을 향하여 "사랑하는 자들아"(Ἀγαπητοί)라고 친근함을 드러내는 호칭으로 부른다.[83] 신약의 서신들에서 "사랑하는 자들"(ἀγαπητοί)이라는 호칭이 "권하노니"(παρακαλῶ)라는 단어와 함께 결합하여 사용되는 것은 사고의 흐름이나 논리의 변화 혹은 새로운 시작을 알리는 문예적인 장치가 된다(참고. 롬 12:1; 15:30; 16:17; 고전 1:10; 살전 4:1; 5:14). 베드로전서에서는 4:12에 "사랑하는 자들아"가 나오면서 새로운 주제를 시작하는 것 같이 보인다. 하지만 이 서신에서 이 칭호는 단락을 나누는 결정적인 역할을 하지 않는다. 비록 이 칭호가 있는 지점에 근소한 단락 구분이 있기는 하지만, 이는 이 칭호 때문이라기보다는 이 칭호와 더불어 발생한 주제의 변화 때문이다.

"사랑하는 자들아"라는 부름말은 신약성경에서 그리스도인들에 대하여 적용된다(예. 롬 12:19; 고전 10:14; 고후 7:1; 약 1:16, 19; 2:5).[84] 초기 그리스도인들은 하나님의 가족 공동체(family of God)라는 개념을 가지고 있었다. 그리하여 그들은 서로를 향해 '사랑하는 자', '형제', '자매' 등의 호칭으로 불

---

83) J. Ramsey Michaels, 285.

84) Donald P. Senior, 64.

렀다. 분명히, 이러한 호칭은 형식적인 것이 아니었다. 그것은 그들의 공동체가 어떤 정체성을 가졌는지에 대한 분명한 인식을 반영했다. 이런 정신은 이 서신에서도 잘 반영되어 베드로는 상호간의 사랑에 대해 종종 말한다(참고. 1:22; 3:8; 4:8).[85]

"거류민과 나그네"(strangers and sojourners)라는 용어의 사회적 의미는 각각 '정착한 외국인'(πάροικος : settled foreigners)과 '방문 중인 외국인'(παρεπίδημος : visiting foreigners)이다.[86] 그러니 베드로는 두 용어를 엄밀히 구분하려는 의도를 가지고 있지 않다. 그냥 이방 지역에 거주하는 외국인들을 통칭하여 이렇게 부른다. 그래서 1:1에서 그는 '나그네' 라고만 말했던 것이다. 그리스도인은 이 세상에서 살고 있으나 이 세상에 속한 자가 아니다(참고. 1:1; 히 11:13-14). 그리스도인의 시민권은 하늘에 있다(참고. 빌 3:20). 따라서 그리스도인은 이 세상에 애착을 두지 말아야 하며, 언젠가 임할 하나님의 나라를 기다리고 소망해야 한다.

"영혼을 거슬러 싸우는 육체의 정욕을 제어하라"는 말은 군사은유이다(참고. 4:1). 여기서 '영혼'(ψυχή)과 '육체'(σαρκικός)는 인간의 두 구성요소를 가리키지 않고, 거룩한 것(성결함)과 속된 것(타락함)을 가리킨다. 그리고 '정욕' 이란 성적인 욕망뿐만 아니라 모든 종류의 탐욕과 타락 양상을 의미한다. "제어하라"에 해당하는 헬라어 '아페케스다이'(ἀπέχεσθαι)는 문자적으로 '멀리하라' 혹은 '피하라' 는 뜻이다. 여기서 이 단어는 현재형

---

85) Donald P. Senior, 64.

86) 참고. Alan M. Stibbs, 107; 한편, J. H. Elliott는 이 단어를 지나치게 사회학적인 측면에서 이해하려 하는데, 이 단어가 가지는 상징성, 곧 신자는 이 세상을 여행하고 있는 나그네와 같은 존재라는 점은 분명히 강조되어야 한다. J. H. Elliott, *A Home for the Homeless: a Social Exegesis of 1 Peter, Its Situation and Strategy*, Philadelphia: Fortress Press, 1981, 48. 또한 이 주제에 관한 논의를 위하여 다음을 참고하라. Moses Chin, "A Heavenly Home for the Homeless: Aliens and Strangers in 1 Peter," *Tyndale Bulletin* 42(1991): 92-112.

으로 되어 있어서 '계속해서 멀리하라' 혹은 '계속해서 피하라' 는 뜻을 가진다. 필시 죄는 한 번의 노력으로 끊어지지 않는다.

그리스도인은 육체의 정욕, 곧 타락한 본성으로부터 아예 멀리 피해야 한다. 죄라는 것은 상당한 힘과 중독성을 가지고 있기 때문에 극복하려고 하기보다는 멀리하거나 피하는 것이 상책이다. 죄는 하나님과의 관계를 멀리하게 하고, 그리스도인의 믿음을 약화시키며, 그리스도인의 타락한 모습으로 인하여 사람들이 복음을 받아들이지 않게 만든다. 따라서 죄는 그리스도인에게 치명적인 독약과 같다. 이에 대해서 바울은 다음과 같이 말한다. "육체의 소욕은 성령을 거스르고 성령은 육체를 거스르나니 이 둘이 서로 대적함으로 너희가 원하는 것을 하지 못하게 하려 함이니라"(갈 5:17; 참고. 약 4:1).

'죄를 피하라는 말' 을 '거류민과 나그네' 라는 용어와 연관하여 이해할 때, 이 말은 그리스도인들이 세상의 법률과 문화를 어떻게 대해야 하는지를 생각하게 한다. 기본적으로 그리스도인들은 세상의 문화를 행동의 표준으로 삼지 않고 하늘의 본향에 있는 문화를 행동의 표준으로 삼아야 한다. 그래서 그리스도인들의 삶은 잠시 사는 이 세상에 맞춰져 있는 것이 아니라 그들이 지향하는 장소에 항상 맞춰나간다. 그러나 이러한 사실 때문에 그리스도인들이 세상에 대해서 무관심하거나 심지어 적대적이 되어서는 안 된다. 그리스도인들은 자신들이 사는 여러 영역에서 책임 있는 시민으로 살아야 한다. 다시 말해서, 그리스도인들은 자기들이 사는 나라의 제도와 법률을 존중하고 지키지만, 세상의 종교와 도덕을 그들의 삶을 주관하는 것으로 받아들여서는 안 된다. 그들은 세상에 대하여 거류민이요 나그네이다.[87] 이어지는 구절에 이런 사상이 잘 드러나 있는데, 그리스도

---

87) 오광만, 128.

인이 이방인 중에서 행실을 선하게 가져 그들을 감동하게 해야 할 필요성이 언급되어 있다.

12절 _ 베드로는 "이방인 중에서 행실을 선하게 가져"라고 말한다. 여기서 "이방인"은 유대인들이 유대인 외의 민족을 지칭할 때 사용하는 용어이지만, 베드로전서에서는 비유대인이 아닌 비그리스도인을 가리킨다. "너희를 악행 한다고 비방하는 자들"이란 표현이 반영하는 것은 이 서신의 수신자들이 겪고 있는 형편이다. 그들은 로마 정부의 조직적인 박해를 받은 것은 아니었고, 다만 믿지 않는 사람들에게서 조롱과 멸시를 받았다(참고. '서론'의 '수신자'). 당시에 그리스도인들이 어떻게 처신을 했기에 주위 사람들로부터 악행 한다고 비난을 들었는지는 분명하지 않다. 아마도 그리스도인들이 세상의 타락한 문화에 동화되지 않고, 사회적 행동(종교 행위)에 참여하지 않았기 때문일 것이다.

베드로는 그리스도인들이 선한 행실을 해야 하는 이유를 말하는데, 그것은 그리스도인들을 악행 한다고 비방하는 자들로 하여금 그들의 선한 일을 보고 오시는 날에 하나님께 영광을 돌리게 함이라고 말한다. 이 말은 마태복음 5:16의 "이같이 너희 빛이 사람 앞에 비치게 하여 그들로 너희 착한 행실을 보고 하늘에 계신 너희 아버지께 영광을 돌리게 하라"는 말씀을 기억나게 한다. 그리고 이 말은 로마서 12:20-21의 "네 원수가 주리거든 먹이고 목마르거든 마시게 하라 그리함으로 네가 숯불을 그 머리에 쌓아 놓으리라 악에게 지지 말고 선으로 악을 이기라"는 말씀을 떠올리게 한다. 신자들은 선행을 함으로 사람들에게 감동을 주어 그들을 주님께 돌아오게 하는 일에 기여할 수 있다. 따라서 신자들의 선행은 선교의 가능성을 높여 준다.

이 문구에서 "오시는 날에"($\acute{\epsilon}\nu$ $\acute{\eta}\mu\acute{\epsilon}\rho\alpha$ $\acute{\epsilon}\pi\iota\sigma\kappa\sigma\pi\hat{\eta}\varsigma$)란 표현은 종말론적이다(참고. 눅 19:44). 세상의 마지막 날이 언젠가 있으며, 그날에 하나님은 구원과 심판을 온전히 집행하실 것이다. 하지만 이것을 세상의 마지막 날로 한정할 필요는 없다. 성경에서 종말에는 현재 종말과 미래 종말의 두 가지가 있다. 따라서 이 문구는 하나님께서 심판을 수행하시기 위해서든지(참고. 사 10:3; 렘 6:15; 8:12; 10:15), 복을 주시기 위해서든지(참고. 3:13; 눅 19:44) 인간들에게 개입하시는 때를 가리킨다.[88] 즉 이것은 굳이 세상의 마지막 날이 아니라 언제든지 하나님이 인간을 부르시기 위해서 오시는 순간을 뜻한다. 하나님은 사람이 회개하고 하나님께 돌이키기를 원하신다. 그리고 그러한 일은 언제든지 있을 수 있다.

여기서 우리는 베드로가 하나님이 이방인(불신자)을 심판하시기를 바라지 않는다는 점을 눈여겨보아야 한다. 오히려 베드로는 이방인의 회개를 염두에 두면서 이 말을 하고 있다. 따라서 이 말은 선교적 함의를 가진다. 참으로 하나님은 그리스도인이 선한 행실을 통하여 불신자에게 감동을 주어 그가 우리와 같은 신앙을 가진 형제가 되게 하기를 원하신다. 결코, 그리스도인은 불신자가 끝내 회개하지 않고 지옥 형벌을 받는 것을 바라지 말아야 한다. 그리스도인은 이웃 사람들이 주님을 믿고 구원 받아 함께 천국 백성이 되는 것을 바라고 노력해야 한다.

결국, 그리스도인의 사회생활(윤리)의 일반적인 원리를 다음과 같이 정리할 수 있다. 첫째, 그리스도인은 이 땅에 잠시 머무는 사람이지 이 땅에 속한 사람이 아니다. 즉 그리스도인은 하늘나라에 속한 사람이다. 따라서 그리스도인은 하늘나라의 규범과 가치를 존중하며 따라야 한다. 둘째, 그리스도인은 죄를 짓지 말아야 한다. 이것은 그리스도인이 세상의 법과 규

---

88) J. Ramsey Michaels, 294.

정을 잘 준수해야 하고 남들에게 손해를 끼치지 않으며 살아야 한다는 뜻
이다. 그래서 그리스도인은 많은 불신자에게 감동을 줄 수 있어야 한다.
셋째, 그리스도인은 불신자들로부터 무고한 비방을 받더라도 참고 견뎌야
한다. 결코, 그들의 비방과 조롱을 악으로 갚지 말아야 한다. 넷째, 그리스
도인은 사람들 앞에서 선한 행실을 함으로 그들이 그리스도인의 선함을
보고 하나님께 영광을 돌리게 해야 한다. 그리스도인의 선행은 불신자를
구원하는 기회를 만들 수 있다.

정부에 대한 태도(2:13-17)

13a절 _ 이 구절에서부터 내용의 전환이 있다. 11-12절은 일반적인 원리
이고, 13-17절에서는 이러한 일반적인 원리가 어떻게 구체적으로 정부에
대한 태도에서 적용되어야 하는지를 다룬다. 베드로는 "인간의 모든 제도
를 주를 위하여 순종하되"라고 말한다. 여기서 "순종하되"(ὑποτάγητε)라
는 동사는 이어지는 권면 전체를 주도한다. 통치자에 대한 순종의 개념은
분명히 하나님에 대한 순종(참고. 1:2, 14, 22)과 그의 뜻대로 행하는 것(참고.
2:15)에 부차적인 것인데, 이는 통치를 받는 집단(교회)이 자유로운 존재이
기 때문이다(참고. 2:16).[89]

베드로는 순종하라는 말을 하면서, 두 가지를 언급한다. 하나는 "모든
제도"에 순종하는 것이고, 다른 하나는 "주를 위하여" 순종하는 것이다.
"모든 제도"란 이 세상의 모든 사회-정치적인 제도를 의미하며, 나아가서
사회를 통치하는 자들을 가리킨다. 여기에는 권력 구조가 기독교적인지
그렇지 않은지, 그리고 통치자가 믿는 사인시 그렇지 않은지에 대한 언급
이 전혀 없기에 문자 그대로 신, 불신을 막론한 "모든 제도"라고 이해해야

---

89) Scot McKnight, 156.

한다.[90] "주를 위하여"(διὰ τὸν κύριον : on account of the Lord)란 표현은 '인간 통치자에게 권세를 주신 하나님을 위하여' 라는 뜻이다. 따라서 이것은 통치자에 대한 순종의 방법과 한계를 보여준다.[91] 즉 우리가 통치자에게 순종할 때, 세속의 제도나 법률이 주님의 뜻과 말씀의 범위 안에 있을 때 해야 하며, 주님이 허락하신 방법에 근거해서 해야 한다는 것을 알려준다.

13b절-14절 _ 여기서 베드로는 순종해야 하는 대상을 말한다. 그들은 '왕'(βασιλεύς: king)과 '총독'(ἡγεμών : governor)이다. 왕은 가장 높은 집권자로서 로마 황제나 지역의 정치적인 통수권자를 지칭한다. 그리고 총독은 왕의 명령을 받아서 지역을 다스리는 사람을 가리키는데, 정부 관료, 경찰, 법관, 지방 자치단체장 등을 포괄한다. 베드로는 통치자에 대해서 "악행하는 자를 징벌하고 선행하는 자를 포상하기 위하여 보낸" 사람이라고 설명한다. 이것은 통치자가 사회의 질서를 유지하기 위하여 하나님으로부터 보냄을 받은 자라는 뜻이다(참고. 롬 13:1-7).[92] 따라서 우리는 통치자에게 순종하되 그가 하나님이 세우신 뜻대로 하는지를 보면서 순종해야 한다.

왕과 통치자에게 순종하라는 권면에 관하여, 바울은 베드로와 유사하게 말했다. "각 사람은 위에 있는 권세들에게 복종하라 권세는 하나님으로부터 나지 않음이 없나니 모든 권세는 다 하나님께서 정하신 바라"(롬 13:1). 그리고 그는 디도에게 보낸 편지에서도 다음과 같이 말했다. "너는 그들로 하여금 통치자들과 권세 잡은 자들에게 복종하며 순종하며"(딛 3:1). 따라서 성경은 일관되게 세상의 통치자들에게 순복하라고 말한다. 앞에서 잠

---

90) J. N. D. Kelly, 108.

91) Peter H. Davids, 99.

92) 이 부분에 관하여 베드로와 바울이 어떤 생각을 가졌는지를 비교하기 위하여 다음을 참고하라. Bruce W. Winter, "The Public Honouring of Christian Benefactors: Romans 13.3-4 and 1 Peter 2.14-15," *Journal for the Study of the New Testament* 34(1988): 87-103.

시 말했듯이, 신자는 통치자가 믿는 자이건 믿지 않는 자이건 관계없이 복종해야 한다. 이는 모든 권세가 하나님에게서 왔기 때문이다.

15절 _ 한글성경 개역개정판에는 번역되어 있지 않지만, 헬라어 원문에서 15절의 문두에는 접속사 '호티'(ὅτι)가 있다. 여기서 '호티'는 보충과 설명의 기능을 가진다. 즉 '호티'는 3:9, 18; 4:17의 '호티'와 마찬가지로 바로 앞에서 말한 것을 짧막하게 설명하는 역할을 한다.[93] 베드로는 "선행으로 어리석은 사람들의 무식한 말을 막으시는 것이라"고 말한다. 여기서 "어리석은 사람들"(ἄφρων)이란 그리스도인들을 비방하는 자들을 의미한다. 그리고 "무식한 말"(ἀγνωσία : ignorance)이란 세상의 교육을 받지 못하여 무식한 것을 뜻하는 것이 아니라, 영적인 통찰력 혹은 영적인 이해력이 없어서 말씀을 받아들이지 않고 신자들을 박해하는 것을 의미한다.[94]

16절 _ 이 구절에서 베드로는 일부 그리스도인들에 의해 제기될 수 있는 의문에 답한다. 곧 그리스도인이 자유를 얻었으며, 세상에 속하지 않고 하늘나라에 속했다면, 굳이 정부나 세상의 통치자에게 순종할 필요가 있는가라고 반박할 수 있기에 이에 대한 답변을 제시한다. 베드로는 "너희는 자유가 있으나"라고 말하는데, 이는 그리스도인이 자유를 얻은 것이 사실이라는 뜻이다. 하지만 그는 "그 자유로 악을 가리는 데 쓰지 말고"라고 말함으로 그리스도인이 얻은 자유가 방종과 다르다는 점을 분명히 한다. 그리스도인은 자유를 얻어서 마음대로 행동할 수 있지만, 어디까지나 그리스도 안에서 마음대로 행동할 수 있다. 비록 그리스도인에게 있어서 더 이상 구원이 취소될 가능성은 없지만, 그렇다고 해서 그에게 악이 허용된

---

93) J. Ramsey Michaels, 306.

94) Donald P. Senior, 69.

것은 아니다.[95]

"오직 하나님의 종과 같이 하라"는 말은 위의 말을 보충한다. 그리스도인은 죄의 종에서 해방되어 하나님의 종이 되었다(참고. 갈 5:1). 따라서 그는 죄의 법에 순종하지 말아야 하고, 하나님의 법에 순종해야 한다. 분명히, 그리스도인이 정부나 세상의 통치자에게 순종하는 것은 그들이 가지고 있는 사회적 지위에 굴종하는 것이 아니다. 오히려 하나님이 통치자들을 세상의 질서 유지자로 세우셨기에 하나님의 뜻과 방법에 순종하는 것이다. 이에 대해서 바울은 다음과 같이 말했다. "형제들아 너희가 자유를 위하여 부르심을 입었으나 그러나 그 자유로 육체의 기회를 삼지 말고 오직 사랑으로 서로 종노릇 하라"(갈 5:13). 하나님이 자유를 주셨다고 해서 그 자유를 오해하여 통치자에게 거역하고 사회의 질서와 체계를 무시하는 행동은 용납될 수 없다. 오히려 그리스도인은 세상의 질서 유지에 더욱 적극적으로 협력해야 한다. 필시 그리스도인이 얻은 자유는 죄로부터 자유로워진 것이지 의로부터 자유로워진 것이 아니다.

17절 _ 베드로는 결론적으로 "뭇 사람을 공경하며 형제를 사랑하며 하나님을 두려워하며 왕을 존대하라"고 말한다. 여기에 나오는 네 대상(뭇 사람, 형제, 하나님, 왕)과 네 명령(공경하라, 사랑하라, 두려워하라, 존대하라)은 어떤 구분이나 의도를 가지고 있지 않다. 그리스도인들은 가장 존귀하신 하나님을 두려워하는 가운데, 모든 이들에 대해서 공경과 사랑과 존대의 마음을 가져야 한다는 교훈을 얻는다. 선한 행실의 근거와 목적은 하나님이시다. 하나님을 두려워하는 마음에서부터 다른 사람을 대하는 바른 자세가 나온다. 신자들은 하나님께서 사람을 붙여 주셨고, 형제를 알게 하셨으며, 왕을 보내 주셨다는 사실을 명심해야 한다. 하나님을 두려워할 때 비로소 뭇

---

95) Peter H. Davids, 102.

사람을 공경하며 형제를 사랑하며 왕을 존대할 수 있음을 알아야 한다.

이 단락에 언급된 그리스도인의 정부에 대한 태도, 곧 그리스도인의 국가관을 다음과 같이 요약할 수 있다. 첫째, 국가는 하나님이 세우신 기관이며, 통치자들은 하나님이 세우신 자들이다. 그들은 하나님을 대신하여 세상의 질서와 복지와 안전을 유지한다. 둘째, 따라서 그리스도인은 국가라는 기구를 인정해야 하고, 국가의 권위자들에게 순종(협력)해야 한다. 그리스도인이 순종하는 방법은 사람을 공경하고 형제를 사랑하며 하나님을 두려워하고 왕을 존대하는 것이다. 셋째, 그러나 정부에 대한 자세는 어디까지나 하나님이 그들에게 부여하신 권위와 목적에 걸맞게 백성들을 다스릴 때 그렇다. 그리스도인은 궁극적으로 하나님께 순종해야 한다.

| 설교자를 위한 지침 |

1. 이 단락에는 그리스도인의 사회생활(윤리)의 일반적인 원리 혹은 지침이 제시되어 있다. 그리스도인은 이 땅에서 사는 동안 죄를 짓지 말아야 한다. 모든 악한 것으로부터 거리를 두어야 한다. 더욱이 그리스도인은 행실을 선하게 가져서, 그리스도인이 악행을 한다고 비방하는 자들에게 감동을 주어야 한다. 설교자는 이러한 기본적인 원리를 잘 전해야 한다. 타락과 죄악으로 점철된 세상에서 그리스도인이 착하고 반듯한 삶을 살도록 권면해야 한다.

2. 이 단락에는 정부에 대한 그리스도인의 태도가 기록되어 있다. 설교자는 정부와 통치자에 대해서 그리스도인이 어떤 자세를 가져야 하는지를 잘 가르쳐야 한다. 오늘날 어떤 그리스도인은 지나치게 정치적이거나 참

여적이고, 반면에 어떤 그리스도인은 지나치게 국가나 사회의 일에 무관심한데, 이는 모두 옳지 않다. 설교자는 성경의 가르침을 정확하고 균형 있게 가르침으로써 그리스도인이 사회에서 바른 역할을 감당하게 해야 한다.

3. 이 단락에 있는 권면을 설교하면서, 설교자는 그리스도인이 정부나 사회의 일에 참여하는 방법이 무엇인지를 제시할 필요가 있다. 이는 본문을 주해함으로써만 가능하지 않고 성경 전체가 정부에 대해서 무엇이라고 하는지를 통전적으로 염두에 두어야 가능하다. 이를 위하여 설교자는 기독교 국가관 혹은 기독교 세계관을 다룬 좋은 서적들을 읽고 공부해야 한다. 설교자가 바른 사고와 지식을 가지는 것은 평소 설교할 때 매우 중요한 자산이 된다.

2. 주인에 대한 태도 (2:18-25)

2:18 사환들아 범사에 두려워함으로 주인들에게 순종하되 선하고 관용하는 자들에게만 아니라 또한 까다로운 자들에게도 그리하라

2:19 부당하게 고난을 받아도 하나님을 생각함으로 슬픔을 참으면 이는 아름다우나

2:20 죄가 있어 매를 맞고 참으면 무슨 칭찬이 있으리요 그러나 선을 행함으로 고난을 받고 참으면 이는 하나님 앞에 아름다우니라

2:21 이를 위하여 너희가 부르심을 받았으니 그리스도도 너희를 위하여 고난을 받으사 너희에게 본을 끼쳐 그 자취를 따라오게 하려 하셨느니라

2:22 그는 죄를 범하지 아니하시고 그 입에 거짓도 없으시며

2:23 욕을 당하시되 맞대어 욕하지 아니하시고 고난을 당하시되 위협하지 아니하시고 오직 공의로 심판하시는 이에게 부탁하시며

2:24 친히 나무에 달려 그 몸으로 우리 죄를 담당하셨으니 이는 우리로 죄에 대하여 죽고 의에 대하여 살게 하려 하심이라 그가 채찍에 맞음으로 너희는 나음을 얻었나니

2:25 너희가 전에는 양과 같이 길을 잃었더니 이제는 너희 영혼의 목자와 감독 되신 이에게 돌아왔느니라

〈본문의 위치와 구조〉

2:11-12에서 베드로는 그리스도인의 윤리의 일반적인 원리를 말했고, 2:13-17에서 그리스도인이 정부에 대해서 어떤 태도를 보여야 하는지를 말했는데, 이제 2:18-25에서는 사환이 주인에 대하여 어떤 태도를 보여야 하는지를 말한다. 이 단락은 두 부분으로 나뉜다. 2:18-20에는 사환에게 초점이 맞추어져 있으며, 2:21-25에는 이에 대한 그리스도의 모범이 제시되어 있다.

| 2:18-20 | 사환들아 주인에게 순종하라 |
| 2:21-25 | 그리스도의 모범 |

〈본문주해〉

사환들아 주인에게 순종하라(2:18-20)

18절 _ 베드로는 "사환들아"라고 대상을 부른다. 이 서신에서 "사환들" (οἰκέται : household servants)은 거주 문제(집)를 해결하기 위해 시민권자들의 집에서 일했던 외국인 가정 노예들을 가리킨다. 당시에 사환에게는 인권이 보장되어 있지 않았다. 사환은 아무리 주인이 부당하게 대우하고 함부로 다루어도 저항할 권리나 힘을 가지고 있지 않았다. 주인은 막강하고 광범위한 권한으로 사환을 대했고 사환은 오로지 주인의 말에 순종할 수밖에 없었다. 당시에 많은 그리스도인이 이러한 신분으로 살았다. 따라서 베드로는 이들에게 윤리적 지침을 준다.

베드로는 "범사에 두려워함으로 주인들에게 순종하되 선하고 관용하는 자들에게만 아니라 또한 까다로운 자들에게도 그리하라"고 말한다. "범사에 두려워함으로"(ἐν παντὶ φόβῳ)라는 말은 17절의 "하나님을 두려워하며"와 연관된다. 베드로전서에서 두려워함(경외심)은 언제나 하나님에 대한 자세이지 인간에 대한 자세가 아니다(참고. 1:17; 2:17; 3:2, 14; 참고. 행 9:31; 롬 3:18). 즉 사환들은 인간적으로 살아남기 위해서 비굴하게 두려워할 것이 아니라, 하나님을 두려워했던 바로 그러한 두려움(reverential fear)을 가져야 한다.

그런데 이 문구에서 "범사에 두려워함으로"라는 헬라어 문구의 한글성경 개역개정판의 번역은 자연스럽지가 않다. 헬라어 '엔 판티 포보'(ἐν παντὶ φόβῳ)에서 '엔 판티'라는 단어를 '범사에'나 '모든'으로 번역할 것이 아니라 '깊은'(deep)으로 번역하는 것이 바람직하다.[96] 따라서 이 어구를 '깊은 공경심' 정도로 번역할 수 있다.[97] 이런 어구를 사용함으로써 베드로는 두려워함을 보편화시키지 않으며, 오히려 두려워함을 강화한다. 그래서 그리스도인이 주인을 함부로 대할 것이 아니라 깊은 존경심을 가지고 존대해야 한다고 가르친다. 그리스도인 사환은 하나님께 순종하는 것처럼 주인에게 순종해야 한다(참고. 엡 6:5; 골 3:22). 그리스도인의 삶의 동기와 배경은 언제나 하나님이다.

"순종하되"(ὑποτασσόμενοι)라는 말은 이미 13절에서 나왔는데, 거기서 베드로는 그리스도인이 하나님께서 세우신 모든 통치자에게 순종해야 할 의무를 지니고 있음을 말했다. 이후에 이 말은 3:1에서 아내가 자기 남편에게 가져야 할 자세가 된다("아내들아 이와 같이 자기 남편에게 순종하라"). 그런데 2:11-3:7에서 이 단어가 여러 대상에 대해서 사용될 때, 그 의미는 '따른다', '존중하다', 혹은 '존경하다' 정도의 의미를 가진다. "선하고 관용하는 자들에게만 아니라 또한 까다로운 자들에게도"라는 표현 역시 13절의 "인간의 모든 제도"(왕과 총독)와 같은 맥락에서 이해할 수 있다. 당시에 많은 주인이 종들을 학대하던 상황에서 그리스도인 종들이 이런 권면을 지키기란 쉽지 않았을 것이다. 하지만 베드로는 그러한 자들을 향해서도 순종하라고 당부한다. 결국, 18절은 그리스도인이 인간을 두려워하는 것이 아니라 하나님을 두려워해야 하고, 그런 신학적 기초 위에서 하나님이 허락하신 주인을 존대해야 한다는 뜻이다.

96) J. N. D. Kelly, *베드로전후서·유다서*, 헨드릭슨 주석, 서울: 아가페, 1988, 152. 상당수의 영어 성경은 "범사에 두려워함으로"를 'with all respect'로 번역했다(예. ESV, NRSV, NASB).

97) J. Ramsey Michaels, 325.

19-20절 _ 베드로는 참고 견디는 문제를 말한다. 부당하게 고난을 받는 것은 선한 삶을 전제로 한다(19절). 즉 잘못이 없는 가운데에서 어려움을 겪는 것을 뜻한다. 하나님을 생각하는 것은 하나님의 임재를 의식하는 것을 의미한다. 이것은 하나님께서 심판하시는 분임을 믿고 하나님께 맡기는 것을 뜻한다. 죄가 있어 매를 맞는다는 말은 선하지 못한 삶을 전제로 한다(20절). 19절과 20절에는 각각 '아름답다' 는 말이 나온다. 이 말은 헬라어로 '카리스'(κάρις)인데, 이는 문자적으로 '은혜'(grace)라는 뜻을 가지지만, 이 문맥에서 하나님의 칭찬과 상급을 의미한다.

한편, 종들의 윤리에 대해서 바울 역시 베드로와 유사한 말을 한다. "종들아 두려워하고 떨며 성실한 마음으로 육체의 상전에게 순종하기를 그리스도께 하듯 하라"(엡 6:5). "종들아 모든 일에 육신의 상전들에게 순종하되 사람을 기쁘게 하는 자와 같이 눈가림만 하지 말고 오직 주를 두려워하여 성실한 마음으로 하라"(골 3:22). 이러한 사도들의 지침은 신자가 평소에 어떤 삶의 자세를 가져야 하는지를 보여준다. 즉 노예제도가 사라진 오늘날과 같은 시대에서도 그리스도인은 직장에서나 대인관계에서 성실해야 하며 상대를 존대해야 한다는 교훈을 준다.[98]

그리스도의 모범(2:21-25)

21절 _ 20절의 "이는 하나님 앞에 아름다우니라"라는 말 때문에 자연스럽게 21-25절에서 예수님이 고난을 당하시면서 선을 행하신 일이 소개된

---

[98] 바울을 비롯한 신약성경 저자들은 노예제도의 폐지를 주장하거나 종들을 선동하여 주인에게 반역하라고 하지 않았다. 이는 노예제도가 옳은 것은 아니었지만, 그것의 폐지나 문제점을 주장할 경우 사회제도가 붕괴할 수 있는 데다 노예로 살던 많은 그리스도인의 생존권이 박탈될 수 있기 때문이었다.

다. 그리고 예수님이 보여주신 이러한 모범은 신약성경 윤리의 기초가 된다.[99] 따라서 이 구절에서부터 어조가 조금 바뀐다. 베드로는 그리스도께서 몸소 보여주신 모범을 제시함으로써 사환을 비롯한 모든 그리스도인이 어떠한 윤리적 지침을 가지고 사회생활을 해야 하는지를 가르친다. 이 부분은 이 서신의 신학의 중심이며, 핵심적인 위치를 점한다. 여기서 베드로는 그리스도인들이 각기 다양하고 다른 관계성 속에서 어떻게 살 것인지 그 근거를 제시한다.[100]

"이를 위하여 너희가 부르심을 받았으니"라는 표현은 우리가 세례를 받고 구원을 받은 사람임을 상기시킨다. 이 어구는 우리가 그리스도에게로 부르심을 받았으며, 따라서 우리가 그분 안에서 행해야 할 많은 것을 생각나게 한다. 이 서신에서 베드로는 부르심에 대하여 큰 의미를 부여하는데, 우선 우리를 부르신 분이 하나님이심을 말하고(참고. 1:15), 이러한 하나님의 부르심이 특권이요 빛이라는 사실을 증언하며(참고. 2:9), 우리를 부르신 목적은 우리에게 복을 주시기 위해서라고 하고(참고. 3:9), 그것의 결국은 영원한 영광이라고 말한다(참고. 5:10).[101]

특히 이 문맥에서 우리가 하나님의 부르심을 받았다는 것은 19-20절에 언급된 것처럼 사환들이 선을 행하는 가운데 부당하게 고난을 당할 때에 슬픔과 고통을 참고 견디는 것을 의미하지만, 나아가서 모든 그리스도인이 지키고 따라야 할 책무와 의무를 상기시킨다. 이는 이 구절 마지막에 있는 "너희에게 본을 끼쳐 그 자취를 따라오게 하려 하셨느니라"라는 문구에 의하여 지지를 받는다. 필시 그리스도께서 고난을 받으신 것은 우리

---

99) Peter H. Davids, 108.

100) 오광만, 153.

101) Peter H. Davids, 109.

를 위한 것이지만(참고. 고전 15:3; 롬 5:6; 8:34; 14:9, 15), 동시에 우리에게 본을 끼쳐서 우리로 하여금 그분을 따라오게 하시려는 것이다(참고. 고전 4:16; 11:1; 엡 5:1; 살전 1:6; 2:14).[102]

그리스도께서 우리를 위하여 고난을 받으셨다는 말은 신약에서 광범위하게 발견된다. 물론 이 서신에서도 '그리스도의 고난'은 줄곧 언급되어 있다. 2:21-25에 구체적으로 진술되어 있을 뿐만 아니라 3:18("그리스도께서도 단번에 죄를 위하여 죽으사 의인으로서 불의한 자를 대신하셨으니")과 4:1("그리스도께서 이미 육체의 고난을 받으셨으니")에 기록되어 있다. 아울러 이 서신에는 '그리스도인의 고난'도 많이 나온다. 예를 들자면, 2:19-20; 3:14, 17; 4:16, 19; 5:10 등에 기록되어 있다. 그러므로 주님을 따르는 길은 고난의 길이다. 제자도는 험난하다.

한편, 그리스도의 모범과 사도의 교훈을 따르는 문제에 대해서 바울 역시 많은 말을 했다. "그러므로 내가 너희에게 권하노니 너희는 나를 본받는 자가 되라"(고전 4:16). "내가 그리스도를 본받는 자가 된 것 같이 너희는 나를 본받는 자가 되라"(고전 11:1). "그러므로 사랑을 받는 자녀 같이 너희는 하나님을 본받는 자가 되고"(엡 5:1). "형제들아 너희가 그리스도 예수 안에서 유대에 있는 하나님의 교회들을 본받은 자 되었으니 그들이 유대인들에게 고난을 받음과 같이 너희도 너희 동족에게서 동일한 고난을 받았느니라"(살전 2:14).

22-23절 _ 베드로가 21절에서 말한 그리스도의 고난이 여기에 구체적으로 진술된다. 22절의 "그는 죄를 범하지 아니하시고 그 입에 거짓도 없으시며"는 이사야 53:9를 인용한 것이다. 그리스도는 죄가 없으셨지만 참으

---

102) Peter H. Davids, 109.

셨고, 곤경을 피하기 위하여 거짓말을 하지 않으셨다. 23절의 "욕을 당하시되 맞대어 욕하지 아니하시고"는 "고난을 당하시되 위협하지 아니하시고"와 같은 뜻이다. 따라서 이러한 예수님의 인내는 부당하게 고난을 받아도 하나님을 생각함으로 슬픔을 참는 것의 본이 된다. 특히 이 진술들은 서신의 수신자들이 당한 모욕이 주로 이웃의 말에 의한 것임을 반영한다 (참고. 2:12, 15; 3:16; 4:4, 14).

베드로는 예수님이 그들을 직접 심판하지 않으시고 오직 공의로 심판하시는 하나님께 부탁하셨다고 말한다. 이것은 1:17의 "외모로 보시지 않고 각 사람의 행위대로 심판하시는 이를 너희가 아버지라 부른즉"이라는 말과 연관된다. 예수님은 군인들과 무리의 모욕에 침묵으로 반응하셨다. 그리고 예수님은 천사들을 동원하여 자신을 박해하는 자들을 벌하실 수 있었으나 그렇게 하지 않으셨다. 예수님은 심지어 자신의 무죄를 주장하지도 않으셨다. 그분은 묵묵히 고난을 받으셨다. 예수님은 하나님께서 공의롭게 판결하셔서 의로운 자와 불의한 자를 구분하실 것을 알고 계셨다. 그러므로 신자들은 하나님의 공의로운 판결을 믿고 인내해야 한다.

24절 _ 베드로는 예수 그리스도의 죽음을 단지 우리의 인내의 모범으로만 여기지 않는다. 그에 따르면, 예수 그리스도의 죽음이 우리에게 주는 궁극적이고 중요한 교훈은 예수 그리스도께서 우리의 죄를 담당하시기 위하여 친히 나무, 곧 십자가에 달리셨다는 사실이다. 따라서 베드로는 고난받는 그리스도인의 모범자로서의 그리스도를 말하는 문맥에서 기회를 살려 복음의 핵심이며 요체가 무엇인지를 진술한다. 이를 통하여 베드로는 수신자들에게 복음을 확인시켜 주고, 그리스도인의 삶이 복음의 바탕 위에 견실하게 세워져야 한다는 사실을 주지시킨다.

베드로는 예수님이 십자가에 달려서 죽으신 이유를 분명하게 말한다. "이는 우리로 죄에 대하여 죽고 의에 대하여 살게 하려 하심이라." 이 문구에서 "죄에 대하여 죽고"(ταῖς ἁμαρτίαις ἀπογενόμενοι)는 아오리스트 분사형태로 되어 있고, "의에 대하여 살게 하려 하심이라"(τῇ δικαιοσύνῃ ζήσωμεν)는 아오리스트 가정법으로 되어 있다. 이것은 죄에 대하여 죽는 것이 의에 대하여 사는 것과 병행을 이루는 것이 아니라, 죄에 대하여 죽는 것이 의에 대하여 사는 것의 조건이 됨을 의미한다. 즉 이것은 우리가 죄에 대하여 죽었기에 죄와 상관없는 존재들이 되었다는 사실을 뜻한다.

필시 예수님의 죽으심으로 우리는 죄에 대하여 죽고 의에 대하여 살게 되었다. 바울서신에서는 '의'가 주로 하나님의 선물을 가리키지만(참고. 롬 6:1-12), 베드로전서에서는 '의'가 주로 선한 행동을 의미한다(참고. 2:15, 20; 3:6, 11, 17; 4:19).[103] 따라서 이 말은 신자들이 적극적으로 선을 행해야 한다는 뜻이다. 죄에 대하여 죽음으로써 의에 대하여 산 자들은 적극적으로 착한 일을 함으로써 더욱 성장해야 한다. 특히 이 서신의 수신자들이 극심한 박해 가운데 있었던 상황을 염두에 둔다면 이런 권면을 지키기가 쉽지 않았을 것이다. 하지만 신자들은 거듭나서 의인이 되었기에 의로운 삶을 살아가야 한다는 점을 명심해야 한다.

"그가 채찍에 맞음으로 너희는 나음을 얻었나니"라는 말은 이사야 53:5를 인용한 것이다. 베드로는 이사야("우리는 나음을 받았도다")의 '우리'를 여기서 '너희'로 바꾸어 서신의 수신자들에게 적용한다. 이 구절에서 '나음'이란 육체의 치유가 아니라 영혼의 치유를 의미한다. 즉 이것은 죄 용서를 뜻한다. 죄는 죽음에 이르는 질병이며, 죄 용서는 치유이다. 예수님의 죽음으로 우리의 죄는 용서받았고 새로운 사람으로 태어났다. 예수님

---

103) Donald P. Senior, 76.

이 우리를 죄에 대하여 죽게 하셨고 의에 대하여 살게 하셨기 때문에 우리는 이제부터 죄를 짓지 말고 의를 행해야 한다.

25절 _ 베드로는 그리스도의 죽음이 가져온 또 다른 결과를 말한다. 그리스도의 죽음은 고난 받고 있는 신자들의 모범이 될 뿐만 아니라, 그리스도인들의 죽음의 병을 고치는 일이 되었고, 나아가서 그리스도인들을 영혼의 목자와 감독에게로 인도하는 사건이 되었다. 25절은 이사야 53:6을 인용한 것이 틀림없다. 이것은 메시아 예언이다. 선지자 이사야는 예수님의 죽음을 내다보면서 "우리는 다 양 같아서 그릇 행하여 각기 제 길로 갔거늘 여호와께서는 우리 모두의 죄악을 그에게 담당시키셨도다"라고 말했다. 그리고 예수님은 십자가 위에서 이 예언을 친히 성취하셨다.

그런데 여기서 "양과 같이 길을 잃었더니"라는 말은 예수님이 말씀하신 '잃어버린 양'에 관한 이야기를 생각나게 한다(참고. 마 18:12-14; 눅 15:3-7). 그리고 이 말은 예수님이 자신을 선한 목자라고 소개하신 것을 상기시킨다(참고. 요 10장; 히 13:20). 베드로는 틀림없이 예수님의 가르침을 기억하면서 이 말을 했을 것이다.[104] 여기서 그는 양과 목자의 문맥에서 감독을 덧붙인다. 목자와 감독은 같은 의미를 가진다. 이 두 단어는 예수님을 가리키지만, 나아가서 예수님에게서 위임을 받아 그분의 양들을 가르치고 보호하는 영적인 지도자를 가리킨다(참고. 엡 4:11; 딛 1:7).[105]

---

104) Peter H. Davids, 114.

105) 신약에서 '목자'(ποιμήν)라는 단어는 빈번하게 사용되었고(참고. 마 9:36; 10:6; 15:24; 26:31; 막 6:34; 14:27; 눅 15:3-7; 요 10:11-18; 히 13:10; 벧전 5:1-4; 계 7:17), '감독'(ἐπίσκοπος)이라는 단어도 목자와 비등하게 많이 사용되었다(참고. 행 20:28; 빌 1:2; 딤전 3:2; 딛 1:7; 벧전 5:1-4).

| 설교자를 위한 지침 |

1. 이 단락에는 사환(종)이 주인에게 어떤 태도를 보여야 하는지가 기록되어 있다. 오늘날 우리나라에는 고대사회의 노예제도와 같은 것이 없기 때문에(어떤 면에서 노예제도가 있다고 볼 수도 있지만) 이 단락을 해석하고 적용할 때 주의해야 한다. 단순히 누군가를 종이라고 규정하고, 다른 누군가를 주인이라고 규정해서 문자적으로 적용하는 것은 곤란하다. 설교자는 본문에 담겨 있는 원리와 정신을 정확히 파악하여 우리나라의 상황에 적절하게 적용해야 한다.

2. 설교자는 이 본문을 가지고 그리스도인의 직장생활에 대해서 설교할 수 있다. 그리스도인의 정체와 진가는 세상에서 드러나야 한다. 그리스도인은 직장에서나 사회에서 상급자 혹은 고용인에게 순종해야 한다. 그들의 지시와 지도를 잘 받아야 하며, 자신이 해야 할 일을 충실히 감당해야 한다. 그리스도인이 교회 안에서는 성실한데, 직장에서는 그렇지 않다면 심각한 문제이다. 설교자는 교인들이 '세상에서' 빛과 소금의 역할을 감당하도록 권면해야 한다.

3. 설교자는 이 단락을 설교하면서 힘 있는 자의 횡포(소위, '갑질')와 그렇지 않은 자의 저항(예를 들어, 노조 활동) 문제를 말할 수 있다. 그리고 세상에 살면서 억울한 일을 당하거나 무고한 일로 고통을 겪는 문제에 대해서 그리스도인이 어떻게 반응하고 처신해야 하는지를 말할 수 있다. 하지만 설교할 때 원론적인 정도에서 말해야 하지, 그것을 벗어나서 말하는 것은 옳지 않다. 각자 처한 상황이 다양할 수 있는 데다, 한쪽 말만 들어서는 모를 수 있기 때문이다. 이런 민감한 주제를 자칫 잘못 말하면 이해 당사자에 따라 오해가 생길 수 있다.

3. 배우자에 대한 태도(3:1-7)

3:1 아내들아 이와 같이 자기 남편에게 순종하라 이는 혹 말씀을 순종하지 않는 자라도 말로 말미암지 않고 그 아내의 행실로 말미암아 구원을 받게 하려 함이니

3:2 너희의 두려워하며 정결한 행실을 봄이라

3:3 너희의 단장은 머리를 꾸미고 금을 차고 아름다운 옷을 입는 외모로 하지 말고

3:4 오직 마음에 숨은 사람을 온유하고 안정한 심령의 썩지 아니할 것으로 하라 이는 하나님 앞에 값진 것이니라

3:5 전에 하나님께 소망을 두었던 거룩한 부녀들도 이와 같이 자기 남편에게 순종함으로 자기를 단장하였나니

3:6 사라가 아브라함을 주라 칭하여 순종한 것 같이 너희는 선을 행하고 아무 두려운 일에도 놀라지 아니하면 그의 딸이 된 것이니라

3:7 남편들아 이와 같이 지식을 따라 너희 아내와 동거하고 그를 더 연약한 그릇이요 또 생명의 은혜를 함께 이어받을 자로 알아 귀히 여기라 이는 너희 기도가 막히지 아니하게 하려 함이라

〈본문의 위치와 구조〉

지금까지 베드로는 그리스도인이 여러 부류의 사람들에 대하여 어떻게 처신해야 하는지를 말했다. 그는 2:11-12에서 일반적인 원리를 말했고, 2:13-17에서 정부에 대한 태도를 말했으며, 2:18-25에서 주인에 대한 태도를 말했는데, 이제 3:1-7에서 배우자에 대한 태도를 말한다. 이 단락은 두 부분으로 나뉜다. 3:1-6은 아내들을 향한 권면이고, 3:7은 남편들을 향한 권면인데, 분량에 있어서 아내들을 향한 권면이 남편들을 향한 것에 비교해서 훨씬 많다. 하지만 이것은 베드로가 아내를 남편보다 열등한 존재로 생각한다는 뜻이 결코 아니다. 아무래도 수신자들 가운데 여성이 남성보

다 훨씬 많기 때문에 분량을 이렇게 설정했을 가능성이 있다.[106] 하지만 비록 권면의 분량은 달라도 내용을 읽어보면 그 정도(강도)가 같다는 것을 알게 된다.

3:1-6   아내들을 향한 권면
3:7   남편들을 향한 권면

〈본문주해〉

아내들을 향한 권면(3:1-6)

1절 _ 이 권면은 "이와 같이"(ὁμοίως)로 시작하는데, 이 표현은 베드로가 앞에서 말했던 윤리의 원리가 가정에서 같게 적용되어야 한다는 사실을 시사한다. 즉 사환이 주인에게 순종하듯이 아내가 자기 남편에게 순종해야 한다는 것이다. 베드로는 이후 7절에서 이와 같은 방식의 처신을 남편에게도 요구한다. 따라서 그리스도인의 삶의 방식과 형태는 항상 일관되어야 한다. 그리스도인은 사회에서 뿐만 아니라 소홀하게 여기기 쉬운 가정에서도 같은 윤리의 원리를 가지고 살아야 한다. 사실상 어찌 보면 가정에서 이런 지침이 가장 잘 지켜져야 한다.

베드로는 아내들을 향하여 "아내들아 자기 남편에게 순종하라"고 권면한다. 그런데 이 권면은 당시의 정황 속에서 이해해야 한다. 당시 그리스-로마 사회에서 아내는 남편에게 속해 있었다. 따라서 아내는 남편의 절대

---

106) 어떤 학자들은 이러한 분량의 차이가 그리스도인 중에서 여성이 남성보다 훨씬 많았기 때문으로 보지만 그렇게 보지 않는 학자들도 많다. 이에 대한 논의를 위하여, Wayne A. Grudem, 207을 보라.

적 권위에 순종해야 했다. 그러나 교회에서 여자가 남자에게 종속되지 않고 서로 동등한 존재임을 배우게 되었을 때 이를 잘못 이해하여 남편에게 함부로 대하는 여인이 있었을 가능성이 있다. 이에 베드로는 가정의 질서를 상기시켜 주려고 했다. 아내를 향한 이러한 권고는 결코 여성의 열등이나 종속을 지지하지 않는다. 이는 사환이 주인보다 열등하지 않은 것과 같은 맥락에서 이해할 수 있다. 아내는 다만 질서와 체계를 존중하는 차원에서 자기 남편에게 순종해야 한다.

베드로는 아내가 남편에게 순종할 때 "말씀을 순종하지 않는 자"에게도, 즉 믿지 않는 남편에게도 그렇게 해야 한다고 말한다. 당시에 아내는 남편의 종교를 따라야 했다. 아내가 남편과 다른 종교를 가진다는 것은 매우 특이한 일이었다. 그러나 기독교의 복음이 전파되었을 때 자연스럽게 복음을 받아들인 아내가 있었던 반면에 여전히 복음을 받아들이지 않은 남편이 있었다. 그리하여 기독교인이 포함된 가정에 서로 다른 종교가 존재하게 되어서 갈등과 불화가 생기게 되었다. 이에 베드로는 믿는 남편에게는 말할 것도 없고 "말씀을 순종하지 않는 자", 곧 주님을 믿지 않을 뿐만 아니라 더욱이 기독교에 대해서 적대적일 수 있는 남편에게도 순종해야 한다고 말한다.

"말로 말미암지 않고 그 아내의 행실로 말미암아 구원을 받게 하려 함이니"라는 말은 아내가 강제로 남편을 개종시키려 하거나, 종교가 다르다고 남편을 떠나려 하거나, 혹은 남편을 설득하려 하는 모든 행동을 중단하라는 뜻을 내포한다. 아마도 아내들은 믿지 않는 남편들에게 "말로" 복음을 설명하려 했을 것이지만, 남편들은 받아들이지 않았을 것이고, 오히려 핍박하기도 했을 것이다. 따라서 베드로는 말보다는 선한 행실로 남편을 감복시키는 것이 효과적이라고 생각하여 이렇게 권면한다. 한편, 여기에 언어유희가 발견된다. 베드로는 '말씀'($\tau\hat{\omega}$ $\lambda\acute{o}\gamma\omega$)을 순종하지 않는 자가 '말을 통하지 않고'($\check{\alpha}\nu\epsilon\upsilon$ $\lambda\acute{o}\gamma o\upsilon$) 구원을 받을 것이라고 말한다.[107]

2절 _ 이 구절의 "너희의 두려워하며 정결한 행실을 봄이라"는 말은 1절의 "그 아내의 행실로 말미암아 구원을 받게 하려 함이니"와 일맥상통한다. 그리스도인 아내가 비그리스도인 남편을 주님께로 인도하는 가장 효과적인 수단은 "정결한 행실"이다. 근본적으로, 남편은 아내의 선하고 정결한 행실을 볼 때 감명을 받는다. 여기서 정결한 행실은 3-5절에서 단정함, 온유함과 안정함, 거룩함 등으로 표현된다. "두려워하며"란 아내가 남편을 무서워하는 것이 아니라 하나님을 두려워하는 것(reverential fear)을 의미한다. 신자들은 언제나 하나님을 두려워하는(경외하는) 가운데 다른 사람을 존대하고 존중해야 한다(참고. 2:17, 19).[108]

3절 _ 이제 베드로는 아내의 외모에 대해서 말한다. "너희의 단장은 머리를 꾸미고 금을 차고 아름다운 옷을 입는 외모로 하지 말고." 이것은 여인의 모든 외적인 단장이 옳지 않다는 뜻이 아니다. 여인이 외모를 꾸미는 것은 시대와 장소를 초월하는 보편적이고 자연스러운 욕구이다. 분명히 성경에는 경건한 사람들도 치장한 것이 기록되어 있다(참고. 창 24:22, 30; 에 5:1). 다만, 베드로는 여인이 지나치게 그리고 무절제하게 외모를 치장하는 것을 지적한다. 이에 대해서 바울은 베드로와 유사하게 말했다. "여자들도 단정하게 옷을 입으며 소박함과 정절로써 자기를 단장하고 땋은 머리와 금이나 진주나 값진 옷으로 하지 말고"(딤전 2:9).

4절 _ 그러면 여인이 외모를 과도하게 치장하지 않는 대신에 무엇을 해

---

107) Donald P. Senior, 82.

108) Donald P. Senior, 82.

야 하는가? 이 구절은 이 질문에 대한 답변이다. 헬라어 원문에서 이 구절의 제일 앞에는 '그러나' 에 해당하는 '알라' (ἀλλά)가 있지만, 한글성경 개역개정판에는 유사한 의미를 가진 "오직" 이라는 단어가 있다. 베드로는 이 단어를 통하여 여인이 특히 신경 써야 하는 것이 무엇인지를 가르쳐준다. 분명히 베드로는 여인의 외모 치장을 나쁘게 보지 않는다. 하지만 그는 여인들이 외적인 아름다움에 치중하기보다는 내적인 아름다움을 더욱 가꾸기를 바라며, 특히 당시에 여인들이 매력적으로 보이기 위해서 자신들을 꾸미려고 했던 문화적 유행으로부터 자신들을 스스로 분리할 것을 요청한다.[109]

베드로는 "마음에 숨은 사람을 온유하고 안정한 심령의 썩지 아니할 것으로 하라"고 권면한다. "마음에 숨은 사람"(inner self)이란 사람의 내면을 의미한다. 이것은 바울이 고린도후서 4:16에서 말한 '겉사람' 에 대응되는 '속사람' 을 가리킨다. '마음' 은 중심을 보여준다. 마음에 따라서 말과 행동이 결정된다. "온유하고 안정한 심령"(gentle and quiet spirit)은 좋은 내면의 자세를 뜻한다. '온유함' 은 예수님이 칭찬하신 덕목이다. 예수님은 온유한 자가 받을 복을 말씀하셨고(참고. 마 5:5), 예수님 자신의 마음이 온유하다고 말씀하셨다(참고. 마 11:29). '안정함' 은 가정에서 남편과의 원만하고 평안한 관계를 뜻한다. 바울은 이런 사람을 칭찬했다(참고. 살전 4:11; 살후 3:12).[110] "이는 하나님 앞에 값진 것이니라"는 말은 베드로의 권면의 가치를 드러낸다. 하나님께서는 마음을 잘 단장하는 아내를 귀하게 보신다.

5절 _ 이제 베드로는 구약성경의 예를 들어서 자신의 권면을 강화한다. 즉 구약성경에 나오는 경건한 여인들을 예(모범)로 들어서 여인들의 바른

---

109) Scot McKnight, 200.
110) Donald P. Senior, 82.

처신을 말하려고 한다.[111] 이 구절의 "전에 하나님께 소망을 두었던 거룩한 부녀들"이란 이어지는 6절의 '사라'와 같은 여인을 의미한다. "자기 남편에게 순종함으로"라는 표현은 남편을 향한 아내의 가장 중요한 덕목이 '순종'임을 다시금 드러낸다. "자기를 단장하였나니"(ἐκόσμουν ἑαυτάς)는 미완료 시제로 되어 있어서 과거에 거룩한 부녀들이 가졌던 습관적이거나 특징적인 행위를 가리킨다.[112] 결국, 이 구절은 아내가 자기 남편에게 순종함으로 자기를 가장 잘 단장할 수 있다는 뜻이다.

6절 _ 베드로는 '사라'를 경건한 여인의 본으로 제시한다. 베드로가 사라를 경건한 실례로 제시하는 것은 그녀가 유대인들에게 있어서 가장 위대한 여인이기 때문이다. 베드로는 "사라가 아브라함을 주라 칭하여 그에게 순종"했다고 한다(참고. 창 18:12).[113] 그리고 수신자들이 사라와 같이 행동하면 "그의 딸이 된 것이니라"고 말한다. 이 표현은 '사라의 딸'이 되는 것을 의미하는데, 이는 믿음을 가진 자가 '아브라함의 아들'이 되는 것과 같은 맥락에서 이해할 수 있다(참고. 롬 4:1-12; 갈 3:6-29).[114] 즉 이 표현은 하나님이 기뻐하시는 여인이 되는 것을 뜻한다.

베드로가 아내에게 요구하는 것은 "선을 행하고 아무 두려운 일에도 놀

---

111) 베드로가 2:21-25에서 신자의 고난을 말하는 가운데 그리스도의 고난을 근거로 제시한 것과 마찬가지로 여기서도 구약의 선례를 근거로 제시하는 것은 미드라쉬적인 성격을 가진다. J. Ramsey Michaels, 353.

112) J. Ramsey Michaels, 367.

113) 상당수의 신학자는 사라가 아브라함을 주라고 부른 것의 근거를 창세기 18:1-15 혹은 창세기 12장이나 20장에서 찾는다. 하지만 천주교 신학자들은 *Testament of Abraham*에 나오는 에피소드들을 예로 든다. 거기에는 사라가 아브라함에게 순종하는 자의 모델로 제시된다(참고. A 5, 12-13; A 6, 2, 4, 5, 8; A 15, 4; etc.). Donald P. Senior, 83을 보라.

114) Charles A. Bigg, *A Critical and Exegetical Commentary on the Epistles of St. Peter and St. Jude*, International Critical Commentary, London: T&T Clark, 1901, 154.

라지 아니하면"이란 표현에 들어 있다. 이 말은 '믿지 않는 남편을 둔 아내들이 남편을 잘 섬기되 남편의 강요나 학대를 두려워하지 않으면' 이라는 뜻이다. 이 서신 수신자의 상당수는 여인이었을 것이고, 그리스도인 여인들은 믿지 않는 남편들 때문에 어려움을 많이 당했을 것이기에 이런 언급을 빼놓지 않는다. 그리고 이는 1절의 "혹 말씀을 순종하지 않는 자라도"라는 문구가 들어 있는 것과 같다. 실상, 이 단원(2:11-3:12)에서 베드로는 신자가 모든 다양한 부류의 사람을 대하는 태도를 말하는 가운데, 비록 그들이 지위와 권력을 가지고 있어서 약한 자들에게 악행을 지지른다 하더라도 선하게 대응하라고 권면한다.

남편들을 향한 권면(3:7)

7절 _ 이제 베드로는 남편들을 향해서 권면한다. 여기에 나오는 남편들을 향한 베드로의 권면은 간결하지만 강력하다.[115] 문장 첫머리의 "이와 같이"(ὁμοίως)는 아내들에게 준 권면과 같은 방식 혹은 원리로 남편들이 행해야 한다는 뜻이다. 따라서 비록 남편들을 향한 권면이 아내들을 향한 권면보다 훨씬 짧지만, 그 비중(정도)은 아내들을 향한 권면과 같다고 볼 수 있으며, 나아가서 그리스도인의 윤리적 지침의 일반적 원리를 제시하는 2:11-12에 근거한다고 할 수 있다. 분명히, 남편들이 자기 아내들을 어떻게 대해야 하는 것은 아내의 의무에 비교할 때 비중이 약하거나 단순하지 않다. 그것은 아내가 남편에게 해야 할 의무와 책임과 같다.[116]

베드로는 남편들을 향하여 "지식을 따라 너희 아내와 동거"하라고 권면

---

115) Wayne A. Grudem, 219.

116) 여기에 나오는 아내의 정체에 관한 논의를 위해서, C. D. Gross, "Are the Wives of 1 Peter 3.7 Christians?," *Journal for the Study of the New Testament* 35(1989): 89-96을 참고하라.

한다. "지식을 따라"(κατὰ γνῶσιν)란 표현은 하나님의 뜻을 알고 실천하는 것을 가리킨다. 남편과 아내는 그냥 같은 방에서 지내는 육체적인 기능만을 감당하는 사이가 아니고, 남편이 반드시 무엇을 해야 하는지 알아야 하는 사이로 있어야 한다. 거기에는 신앙에 관한 것도 있겠지만 아내에 대한 사랑과 이해에 관한 것도 있어야 한다. 남편은 아내의 목표, 걱정, 필요가 무엇인지를 알아야 하며 아내의 감정과 건강을 위해서 노력해야 한다. 그리고 남편은 아내를 사랑으로 돌보고 사려 깊게 행동함으로써 아내에 대해 깊은 개인적인 통찰을 가져야 한다(참고. 고전 8:1-13; 빌 1:9).[117]

"너희 아내와 동거하고"란 표현은 단지 남편이 아내에게 성적인 의무를 다하는 것을 의미하지 않는다. 이것은 일종의 제유법으로 남편이 모든 분야에서 아내를 향하여 책임과 의무를 져야 하며, 하나님께서 남편에게 명령하신 모든 명령에 순종해야 한다는 것을 뜻한다. 따라서 베드로의 권면은 아내에 철저한 배려와 관심을 반영한다. 이러한 측면은 사환들에게 요구되었던 하나님을 의식하면서 사는 것과 같은 맥락을 가지며(참고. 2:19), 아내들에게 요구되었던 하나님을 두려워하면서 사는 것과 동일한 의미를 가진다(참고. 3:2).[118] 사람은 혼자서 사는 존재가 아니라 함께 사는 존재이다. 따라서 다른 사람의 필요와 관심을 늘 염두에 두어야 한다.

베드로는 남편이 아내를 귀하게 여겨야 한다는 말을 하면서, 아내에 대하여 두 가지 설명을 덧붙인다. 첫째로, 아내를 "더 연약한 그릇"이라고 표현한다. "그릇"은 고대 그리스-로마 문학과 신약성경(참고. 고후 4:7; 살전 4:4)에서 사람의 몸을 은유한다.[119] 이 문구는 아내가 남편보다 '신체적으로'

---

117) 오광만, 181.

118) Donald P. Senior, 83.

119) Donald P. Senior, 84.

연약하기 때문에 남편의 보호가 있어야 한다는 뜻이며, 결코 여자가 남자보다 열등하다는 뜻이 아니다. 둘째로, 아내를 "생명의 은혜를 함께 이어받을 자로 알아 귀히 여기라"고 말한다. "생명의 은혜"란 혼인을 통하여 생명이 태어나는 것을 의미한다. 그리고 "함께 이어받을 자"라는 말에는 아내와 남편이 동등하며, 결코 아내가 남편에게 종속되거나 남편보다 열등하지 않다는 사실이 내포되어 있다(참고. 갈 3:28). 그러므로 베드로의 권면은 남편이 아내를 조심스럽게 대해야 하며, 육체적으로 학대하거나 협박하지 말아야 하고, 항상 아내와 더불어 살아가도록 노력해야 한다는 뜻이다.

베드로는 남편이 지켜야 할 윤리적 지침을 말하면서 문장 마지막에 "이는 너희 기도가 막히지 아니하게 하려 함이라"는 말을 붙인다. 여기서 "막히지"(ἐγκόπτεσθαι)는 현재 수동태 부정사 형태로 되어 있는데, 이것은 아내를 귀하게 여기지 않고 함부로 대하는 자들에 대하여 하나님께서 진노하신다는 뜻이다. 즉 이것은 아내를 귀하게 여기지 않으면 하나님과의 관계가 깨어진다는 의미를 담고 있다. 필시 사람과의 관계는 하나님과의 관계를 결정한다(참고. 마 5:23; 6:12, 14-15; 고전 11:33-34; 약 4:3).[120] 자신과 가장 가까운 사람(배우자)과의 관계가 막히면 더욱더 기도하기가 쉽지 않다. 특히 남편이 아내와 불화하면 기도할 마음이 사라지고 실제로 기도하지도 않는다. 참으로, 남편과 아내의 올바른 관계는 경건에 도움이 되며, 한 쪽이라도 부정하고 부적절한 행동을 하면 경건에 방해가 된다(참고. 고전 7:5).

---

120) Peter H. Davids, 123.

│ 설교자를 위한 지침 │

1. 이 단락은 아내와 남편에 대한 권면을 담고 있다. 설교자는 세상에서 가장 중요한 관계가 부부관계임을 가르쳐야 한다. 남편과 아내가 서로에 대하여 정결과 신의를 지키는 것은 그 무엇과도 비교할 수 없는 선한 행동이다. 오늘날 많은 가정에 부정과 불화가 있는 것이 사실이다. 따라서 설교자는 이 본문을 가지고 부부가 정결하고 화합할 것을 강하게 권면해야 한다.

2. 하나님께서는 아내가 남편에게 순종해야 할 것과 남편이 아내를 사랑하고 귀하게 여겨야 할 것을 명령하셨다. 따라서 설교자는 아내의 도리와 남편의 책임을 강조해야 한다. 아내가 남편에게 순종하지 않고 남편이 아내를 사랑하지 않으면 가정의 질서가 깨어지고 가족 모두가 불행해진다. 특히 믿지 않는 남편을 둔 아내는 더욱 주의해야 한다. 믿지 않는 남편을 전도하기 위해서 말로만 노력할 것이 아니라 오히려 정결한 행위로 감동을 주려고 해야 한다.

3. 설교자는 본문을 파악하면서 문자주의 해석이나 잘못된 이해에 빠지지 않도록 주의해야 한다. 여기서 아내가 남편보다 훨씬 더 많은 권면을 받은 것으로 생각하여 아내의 의무가 더 크다고 말해서는 안 된다. 그리고 여인이 외모를 치장하는 것 자체를 비판하지 않도록 주의해야 한다. 또한, 부부 관계가 좋지 않을 때 경건 생활에 어려움이 생긴다는 말을 잘못 이해하여 하나님과의 관계를 사람과의 관계보다 아래에 두지 않도록 조심해야 한다.

4. 이웃에 대한 태도(3:8-12)

3:8 마지막으로 말하노니 너희가 다 마음을 같이하여 동정하며 형제를 사랑하며 불쌍히 여기며 겸손하며

3:9 악을 악으로, 욕을 욕으로 갚지 말고 도리어 복을 빌라 이를 위하여 너희가 부르심을 받았으니 이는 복을 이어받게 하려 하심이라

3:10 그러므로 생명을 사랑하고 좋은 날 보기를 원하는 자는 혀를 금하여 악한 말을 그치며 그 입술로 거짓을 말하지 말고

3:11 악에서 떠나 선을 행하고 화평을 구하며 그것을 따르라

3:12 주의 눈은 의인을 향하시고 그의 귀는 의인의 간구에 기울이시되 주의 얼굴은 악행하는 자들을 대하시느니라 하였느니라

〈본문의 위치와 구조〉

3:8-12는 단원 III(2:11-3:12, '그리스도인의 사회생활')의 결론 부분이다. 이 단원에서 베드로는 윤리의 일반적인 원리(2:11-12)와 더불어, 정부에 대한 태도(2:13-17), 주인에 대한 태도(2:18-25), 배우자에 대한 태도를 말했는데(3:1-7), 이제 3:8-12에서 결론적으로 모든 사람에 대한 태도를 말한다. 베드로는 그리스도인이 다른 사람에 대하여 가져야 할 일반적인 행동지침을 말하고, 이어서 적대적인 자들에 대해서 가져야 할 행동지침을 말한 후, 이러한 행동지침의 신학적 근거를 제시한다.

3:8   일반적인 행동지침
3:9   적대적인 자들에 대한 행동지침
3:10-12 신학적 근거

〈본문주해〉

일반적인 행동지침(3:8)

8절 _ 문두의 "마지막으로 말하노니"(τὸ δὲ τέλος)라는 문구는 타인에 대한 구체적인 행동지침(윤리)의 결론을 의미한다. 베드로는 2:11-3:7까지 다양한 대인 관계 지침을 말했는데, 이제 여기서 결론을 내린다. "너희가 다"(πάντες)라는 말은 이제 말하려는 것이 모든 사람에게 적용된다는 뜻이다. 그래서 베드로는 8절에서 다른 사람에 대한 일반적인 행동지침을 말하고, 9절에서 자신을 적대적으로 대하는 사람에 대한 행동지침을 말한다. 이들에 대한 태도는 크게 차이가 나지 않는다. 즉 그리스도를 믿는 사람은 모든 사람에 대해서 같은 마음을 가져야 한다.

베드로는 다른 사람에 대한 행동지침에 대하여 다음과 같이 권면한다. "마음을 같이하여 동정하며 형제를 사랑하며 불쌍히 여기며 겸손하며." 마음을 같이하는 것은 연합과 일치를 의미한다(참고. 롬 12:16; 고후 13:11; 빌 4:2). 동정하는 것은 다른 사람과 감정을 같이 가지는 것을 뜻한다(참고. 히 10:34; 13:3). 형제를 사랑하는 것은 다른 사람을 나의 형제로 여기고 사랑하는 것을 의미한다.[121] 그런데 여기서 "형제"를 믿는 사람으로 볼 것인지 그냥 일반적인 사람으로 볼 것인지에 대해서 논란이 있다. 단어 자체로 볼 때는 모호하지만, 이 문맥이 일반적인 대상을 향한 것이기에 신자와 불신자를 떠난 모든 사람으로 보는 것이 타당해 보인다. 베드로는 모든 사람을 구원받을 가능성이 있는 형제로 여기고 그들을 사랑하라고 말하는 것 같다. 불쌍히 여기는 것은 착한 마음을 가지는 태도를 뜻한다(참고. 엡 4:32; 골

---

121) 형제를 사랑하는 것은 하나님의 가정이 가지는 독특한 속성으로 이러한 속성은 바울서신과 다른 신약성경에 자주 나온다(참고. 요 13:34-35; 롬 12:10; 살전 4:9; 히 13:1; 벧후 1:7). Donald P. Senior, 91.

3:12). 겸손한 것은 친절하고 예의바른 행동을 의미한다(참고. 5:5).

적대적인 자들에 대한 행동지침(3:9)

9절 _ 이제 베드로는 적대적인 이웃에 대해서 다음과 같은 마음을 가지라고 요청한다. 분명히, 그리스도인의 사랑은 심지어 자신을 괴롭히고 핍박하는 자들을 향해서도 같게 실행되어야 한다. 베드로는 그리스도인의 언어생활에 대해서 특별한 비중을 두고 말한다. "악을 악으로, 욕을 욕으로 갚지 말고 도리어 복을 빌라." 악한 자들에 대하여 악으로 갚지 않는 것은 수신자들의 상황을 고려할 때 쉬운 일이 아니었지만 그래도 그렇게 해야 한다. 그리고 그들은 이웃으로부터 욕을 들어도 욕으로 대응해서는 안된다. 그들은 그리스도가 자신을 죽이려는 자들을 용서하시고 그들을 위하여 생명을 버리셨듯이(참고. 2:21-25), 자신들을 비방하고 조롱하고 폭행하는 자들을 용서하고 도리어 복을 빌어야 한다.

"이를 위하여 너희가 부르심을 받았으니"라는 말은 그리스도인의 사명을 상기시켜 준다. 그리스도인은 다른 사람을 사랑하기 위해서 부름을 받은 사람들이다. 그리스도인은 예수 그리스도께서 어떻게 다른 사람을 사랑하셨으며, 그들에게 선한 일을 행하셨는지를 몸소 보여주어야 할 책임과 의무를 지고 있다. 이에 베드로는 당시의 보복원리와 상반되는 행동 규범을 제시하는 것이다(참고. 마 5:38-48; 눅 6:27-36). 원래 보복원리를 주신 목적은 사회질서와 치안과 인권 유지를 위해서였다. 따라서 보복하지 않는 것은 소극적인 선이다. 그러나 예수님과 사도들은 이러한 소극적인 선을 넘어서서 적극적인 선으로 나아가는데, 그것은 자신을 미워하는 악한 자를 용서할 뿐만 아니라 오히려 그를 위하여 복을 비는 것이다.

"이는 복을 이어받게 하려 하심이라"는 말은 복을 유업으로 받는다는 뜻인데, 이는 1:4의 "유업을 잇게 하시나니"와 같은 뜻이다. 베드로전서에서 유업을 받는다는 말은 미래에 예수 그리스도께서 나타나실 때 궁극적으로 일어날 일이 분명하지만, 지금 이 세상에서 이미 얻어질 수 있는 일이다. 비록 베드로가 미래의 상급을 언급할지라도(참고. 1:4-7, 13; 4:13; 5:4), 의로운 행동으로 인해 발생하는 현재의 축복을 강조하는 것은 그의 사고 안에서 낯설지 않다.[122] 따라서 그리스도인이 형제를 동정하고 사랑하고 불쌍히 여기며 겸손하고, 악을 악으로, 욕을 욕으로 갚지 않고 도리어 복을 비는 것은, 그리스도인 자신에게 복이 되는 일이다.

신학적 근거(3:10-12)

10절 _ 베드로는 10-12절에서 그리스도인이 다른 사람에 대하여 취해야 하는 태도에 대한 신학적 근거를 제시한다. 이를 위하여 그는 시편 34:12-17을 인용한다. "생명을 사랑하고 좋은 날 보기를 원하는 자"는 이 땅에서 평안하게 살다가 나중에 하늘나라에서 영원한 복락을 누리기를 원하는 자를 의미한다. 이제 베드로는 다시 그리스도인의 언어생활을 언급한다. 이것은 9절에서 이미 다루어진 것이다. "혀를 금하여 악한 말을 그치며 그 입술로 거짓을 말하지 말고"에서 "악한 말"과 "거짓"은 입에서 나오는 모든 종류의 악을 의미한다. 그런데 이에 대한 시편의 기록은 베드로전서 수신자들의 상황을 충분히 반영한다. 수신자들은 불신 이웃의 말로 큰 상처를 받았지만, 그들은 침묵해야 하며 욕이나 악한 말로 저항하지 말아야 한다.

11절 _ 베드로는 10절에서 자신을 욕하고 비방하는 자들에 대한 소극적

---

122) Wayne A. Grudem, 228.

인 대처를 말했다. 이제 이 구절에서 그는 이러한 자들에 대한 적극적인 대처를 말한다. 베드로는 "악에서 떠나 선을 행하고 화평을 구하며 그것을 따르라"고 권면한다. "악에서 떠나"란 악을 전적으로 피하는 것, 곧 죄인을 멀리하는 것을 의미한다. 이것은 1:14의 "전에 알지 못할 때에 따르던 너희 사욕을 본받지 말고"와, 2:1의 "모든 악독과 모든 기만과 외식과 시기와 모든 비방하는 말을 버리고"와, 2:11의 "영혼을 거슬러 싸우는 육체의 정욕을 제어하라"는 표현과 같은 뜻을 가진다. "선을 행하고 화평을 구하며 그것을 따르라"는 말은 로마서 12:18의 "모든 사람과 더불어 화목하라"와 일치하며, 히브리서 12:14의 "모든 사람과 더불어 화평함과 거룩함을 따르라 이것이 없이는 아무도 주를 보지 못하리라"와 같다.

12절 _ 베드로는 주님의 눈과 귀가 의인을 향하지만, 주님의 얼굴이 악행하는 자들을 대하신다고 말한다. 이것은 선한 자와 악한 자를 향한 하나님의 마음을 대조한 것이다. 베드로는 이 말을 통하여 신자가 선을 행해야 할 이유와 더불어 선을 행하므로 받을 복을 말한다. 아울러, 그는 악을 행하는 자들이 하나님의 심판을 받을 것이니 악행을 그치라고 경고한다. 하나님 앞에서 의롭게 살았던 사람은 나중에 하나님 앞에 섰을 때 칭찬과 영광을 얻을 것이지만, 그렇지 않은 사람은 하나님으로부터 엄중한 책망과 징계를 받을 것이다.

❘ 설교자를 위한 지침 ❘

1. 이 단락은 그리스도인이 모든 사람을 어떻게 대해야 하는지를 가르쳐준다. 우리는 본문을 통하여 우리가 사람을 사랑하고 존경하고 존대하는 것을 하나님께서 귀하게 보신다는 사실을 깨달을 수 있다. 따라서 설교

자는 그리스도인이 사회생활을 하면서 다른 사람과 좋은 관계를 맺도록 권면해야 한다. 이것은 대단히 중요한 덕목이며 경건이다. 하나님을 사랑하는 사람은 반드시 이웃을 사랑하게 되어 있다. 믿음이 훌륭하다는 말은 다른 사람을 사랑한다는 뜻이다.

2. 이 단락에는 그리스도인이 자신을 적대적으로 대하는 자들에 대해서 어떤 자세를 취할 것인지가 기록되어 있다. 우리가 이 세상을 살아가면서 모든 사람과 좋은 관계를 맺을 수는 없다. 특히 자신이 그리스도인이라는 이유로 불신 이웃으로부터 어려움을 겪는 경우가 종종 있다. 따라서 설교자는 그리스도인이 그럴 때 어떻게 처신해야 하는지를 본문을 통해서 권면할 수 있다. 이에 설교자는 베드로의 권면에 따라 악을 악으로 갚지 않도록 가르쳐야 한다. 그리고 악인에 대한 심판은 우리가 할 일이 아니라 하나님이 하실 일이라고 말해야 한다.

3. 베드로는 본문에서 그리스도인의 언어생활을 강조한다. 따라서 설교자는 그리스도인이 입술을 조심해야 할 것을 말해야 한다. 악을 악으로, 욕을 욕으로 갚지 말고 도리어 복을 빌어 주라고 권면해야 한다. 혀를 금하며 악한 말을 그치고 입술로 거짓을 말하지 않도록 주의해야 한다고 가르쳐야 한다. 설교자는 그리스도인이 말을 조심하는 것이 선한 행실에서 매우 중요한 비중을 차지한다는 점을 강조해야 한다. "지혜자의 입의 말들은 은혜로우나 우매자의 입술들은 자기를 삼키나니"(전 10:12).

단원 Ⅳ _ 고난에 대한 그리스도인의 자세

(3:13-4:19)

3:13 또 너희가 열심으로 선을 행하면 누가 너희를 해하리요

3:14 그러나 의를 위하여 고난을 받으면 복 있는 자니 그들이 두려워하는 것을 두려워하지 말며 근심하지 말고

3:15 너희 마음에 그리스도를 주로 삼아 거룩하게 하고 너희 속에 있는 소망에 관한 이유를 묻는 자에게는 대답할 것을 항상 준비하되 온유와 두려움으로 하고

3:16 선한 양심을 가지라 이는 그리스도 안에 있는 너희의 선행을 욕하는 자들로 그 비방하는 일에 부끄러움을 당하게 하려 함이라

3:17 선을 행함으로 고난 받는 것이 하나님의 뜻일진대 악을 행함으로 고난 받는 것보다 나으니라

3:18 그리스도께서도 단번에 죄를 위하여 죽으사 의인으로서 불의한 자를 대신하셨으니 이는 우리를 하나님 앞으로 인도하려 하심이라 육체로는 죽임을 당하시고 영으로는 살리심을 받으셨으니

3:19 그가 또한 영으로 가서 옥에 있는 영들에게 선포하시니라

3:20 그들은 전에 노아의 날 방주를 준비할 동안 하나님이 오래 참고 기다리실 때에 복종하지 아니하던 자들이라 방주에서 물로 말미암아 구원을 얻은 자가 몇 명뿐이니 겨우 여덟 명이라

3:21 물은 예수 그리스도께서 부활하심으로 말미암아 이제 너희를 구원하는 표니 곧 세례라 이는 육체의 더러운 것을 제하여 버림이 아니요 하나님을 향한 선한 양심의 간구니라

3:22 그는 하늘에 오르사 하나님 우편에 계시니 천사들과 권세들과 능력들이 그에게 복종하느니라

4:1 그리스도께서 이미 육체의 고난을 받으셨으니 너희도 같은 마음으로 갑옷을 삼으라 이는 육체의 고난을 받은 자는 죄를 그쳤음이니

4:2 그 후로는 다시 사람의 정욕을 따르지 않고 하나님의 뜻을 따라 육체의 남은 때를 살게 하려 함이라

4:3 너희가 음란과 정욕과 술취함과 방탕과 향락과 무법한 우상 숭배를 하여 이방인의 뜻을 따라 행한 것은 지나간 때로 족하도다

4:4 이러므로 너희가 그들과 함께 그런 극한 방탕에 달음질하지 아니하는 것을 그들이 이상히 여겨 비방하나

4:5 그들이 산 자와 죽은 자를 심판하기로 예비하신 이에게 사실대로 고하리라

4:6 이를 위하여 죽은 자들에게도 복음이 전파되었으니 이는 육체로는 사람으로 심판을 받으나 영으로는 하나님을 따라 살게 하려 함이라

4:7 만물의 마지막이 가까이 왔으니 그러므로 너희는 정신을 차리고 근신하여 기도하라

4:8 무엇보다도 뜨겁게 서로 사랑할지니 사랑은 허다한 죄를 덮느니라

4:9 서로 대접하기를 원망 없이 하고

4:10 각각 은사를 받은 대로 하나님의 여러 가지 은혜를 맡은 선한 청지기 같이 서로 봉사하라

4:11 만일 누가 말하려면 하나님의 말씀을 하는 것 같이 하고 누가 봉사하려면 하나님이 공급하시는 힘으로 하는 것 같이 하라 이는 범사에 예수 그리스도로 말미암아 하나님이 영광을 받으시게 하려 함이니 그에게 영광과 권능이 세세에 무궁하도록 있느니라 아멘

4:12 사랑하는 자들아 너희를 연단하려고 오는 불 시험을 이상한 일 당하는 것 같이 이상히 여기지 말고

4:13 오히려 너희가 그리스도의 고난에 참여하는 것으로 즐거워하라 이는 그의 영광을 나타내실 때에 너희로 즐거워하고 기뻐하게 하려 함이라

4:14 너희가 그리스도의 이름으로 치욕을 당하면 복 있는 자로다 영광의 영 곧 하나님의 영이 너희 위에 계심이라

4:15 너희 중에 누구든지 살인이나 도둑질이나 악행이나 남의 일을 간섭하는 자로 고난을 받지 말려니와

4:16 만일 그리스도인으로 고난을 받으면 부끄러워하지 말고 도리어 그 이름으로 하나님께 영광을 돌리라

4:17 하나님의 집에서 심판을 시작할 때가 되었나니 만일 우리에게 먼저 하면 하나님의 복음을 순종하지 아니하는 자들의 그 마지막은 어떠하며

4:18 또 의인이 겨우 구원을 받으면 경건하지 아니한 자와 죄인은 어디에 서리요

4:19 그러므로 하나님의 뜻대로 고난을 받는 자들은 또한 선을 행하는 가운데에 그 영혼을 미쁘신 창조주께 의탁할지어다

1. 고난을 두려워하지 말라(3:13-22)

3:13 또 너희가 열심으로 선을 행하면 누가 너희를 해하리요

3:14 그러나 의를 위하여 고난을 받으면 복 있는 자니 그들이 두려워하는 것을 두려워하지 말며 근심하지 말고

3:15 너희 마음에 그리스도를 주로 삼아 거룩하게 하고 너희 속에 있는 소망에 관한 이유를 묻는 자에게는 대답할 것을 항상 준비하되 온유와 두려움으로 하고

3:16 선한 양심을 가지라 이는 그리스도 안에 있는 너희의 선행을 욕하는 자들로 그 비방하는 일에 부끄러움을 당하게 하려 함이라

3:17 선을 행함으로 고난 받는 것이 하나님의 뜻일진대 악을 행함으로 고난 받는 것보다 나으니라

3:18 그리스도께서도 단번에 죄를 위하여 죽으사 의인으로서 불의한 자를 대신하셨으니 이는 우리를 하나님 앞으로 인도하려 하심이라 육체로는 죽임을 당하시고 영으로는 살리심을 받으셨으니

3:19 그가 또한 영으로 가서 옥에 있는 영들에게 선포하시니라

3:20 그들은 전에 노아의 날 방주를 준비할 동안 하나님이 오래 참고 기다리실 때에 복종하지 아니하던 자들이라 방주에서 물로 말미암아 구원을 얻은 자가 몇 명뿐이니 겨우 여덟 명이라

3:21 물은 예수 그리스도께서 부활하심으로 말미암아 이제 너희를 구원하는 표니 곧 세례라 이는 육체의 더러운 것을 제하여 버림이 아니요 하나님을 향한 선한 양심의 간구니라

3:22 그는 하늘에 오르사 하나님 우편에 계시니 천사들과 권세들과 능력들이 그에게 복종하느니라

〈본문의 위치와 구조〉

여기서부터 새로운 단원이 시작된다. 베드로는 앞 단원(2:11-3:12)에서 다른 사람들과의 관계에 대한 그리스도인의 윤리적인 지침을 말했다. 이제

이 단원(3:13-4:19)에서 베드로는 그리스도인이 선을 행하다가 고난을 당할 때 어떤 자세를 취해야 하는지를 말한다. 3:13-22는 베드로전서에서 해석하기가 쉽지 않아서 많은 이견과 논쟁을 낳았지만, 전체적인 의미는 분명한데, 여기서 베드로는 그리스도께서 고난을 받으셨으나 승리하셨다는 소식임을 알리면서, 그리스도인들이 이에 근거하여 승리를 확신할 수 있다고 말한다.

3:13-17	선을 행하다가 고난을 받음
3:18-22	그리스도의 모범과 승리

〈본문주해〉

선을 행하다가 고난을 받음(3:13-17)

13절 _ 베드로는 "너희가 열심으로 선을 행하면 누가 너희를 해하리요"라는 말로 단락을 시작한다. 이 질문형 문구는 수사의문문(rhetorical question)으로서, 이에 내포된 대답은 '아무도 없다' 이다. 즉 이 질문은 그리스도인이 다른 사람에게 열심히 선한 행동을 한다면 아무도 그를 해하려고 하지 않을 것이라는 원론적인 의미를 담은 진술이다. 실제로 아무리 사악한 사람일지라도 선한 일을 하는 사람을 괴롭히고 힘들게 하는 경우는 별로 없다. 하지만 현실적으로 그런 일이 일어나기도 한다. 따라서 베드로의 말은 원칙과 이상을 언급하는 잠언적인 교훈이다. 선한 사람을 격려하고 감사해 하는 것이 정상이나 그렇지 않은 경우가 종종 있다.

14절 _ 베드로는 이제 수신자들이 처한 현실적 상황을 말한다. "그러나 의를 위하여 고난을 받으면 복 있는 자니"라는 말은 13절에서 말한 냉혹하고 이해할 수 없는 일, 곧 열심히 선을 행하는 자를 해하고 괴롭히는 당시 상황을 반영한다.[123] 따라서 13절은 이상이며, 14절은 현실이다. 여기서 "의를 위하여"란 선한 일을 행하는 것, 복음을 전하는 것, 진리를 사수하는 것, 말씀에 순종하는 것 등을 의미한다. "고난을 받으면"은 부당한 고난을 당하는 것을 의미하며, 자신의 잘못이나 실수 때문에 고난 받는 것을 가리키지 않는다. "복 있는 자니"라는 표현은 세상이 주는 복이 아닌 하나님이 주시는 복을 가리킨다. '복' 이란 단어는 이미 9절에서 언급되었는데, 거기서 베드로는 그리스도인이 고난을 참고 오히려 고난을 주는 자의 복을 빌면 하나님께서 그리스도인에게 복을 주신다고 했다. 한편, 이 구절은 예수님이 말씀하신 바 "의를 위하여 박해를 받은 자는 복이 있나니 천국이 그들의 것임이라"를 생각나게 한다(마 5:10).

그러면 아무런 잘못이 없음에도 불구하고 부당하게 고난을 당하는 자들은 어떤 마음을 가져야 하는가? 이에 대해서 베드로는 "그들이 두려워하는 것을 두려워하지 말며 근심하지 말고"라고 말한다. 이 문구는 이사야 8:12를 인용한 것이다. 여기서 "두려워하지 말며"(φοβηθῆτε)와 "근심하지 말고"(ταραχθῆτε)는 같은 의미를 가진다. 베드로는 강조를 위해서 같은 말을 반복한다. 이 문맥에서 "그들이 두려워하는 것"이란 세상의 권력이나 적대적인 힘이나 위협적인 세력을 의미한다. 세상 사람들은 이러한 것들을 두려워하여 그 앞에 복종한다. 그러나 그리스도인은 그런 것들을 두려워하지 말아야 한다(참고. 1:6). 그리스도인이 두려워해야 할 유일한 대상은 하나님이시다(참고. 1:17; 2:17).

15절 _ 이제 베드로는 그리스도인이 고난에 직면했을 때 두려워하는 대신에 더욱 적극적인 자세를 취해야 한다고 말한다. 무엇보다도, 그리스도

---

123) '고난'(πάσχω)이란 단어는 신약에서 베드로전서에 많이 나온다(예. 2:29, 20, 21, 23; 3:17, 18; 4:1, 15, 19; 5:10). Donald P. Senior, 94.

인은 "마음에 그리스도를 주로 삼아 거룩하게" 해야 한다. 이것은 예수 그리스도를 마음 중심에 모시는 것이며, 그러한 일로 인하여 그리스도께서 거룩하신 것 같이 우리가 거룩해지는 것을 의미한다. 마음은 인간의 중심이며, 의지와 감정의 출처이다. 거룩함이란 성결한 삶을 의미하는데, 3:2의 "정결한 행실"과 같은 것이며, 8-9절의 "너희가 다 마음을 같이하여 동정하며 형제를 사랑하며 불쌍히 여기며 겸손하며 악을 악으로, 욕을 욕으로 갚지 말고 도리어 복을 빌라"는 말씀을 실천하는 것이다.

다음으로, 그리스도인은 그의 속에 있는 소망에 관한 이유를 묻는 자들에게 대답할 것을 항상 준비해야 한다. 여기서 "대답할"에 해당하는 헬라어 '아폴로기아'(ἀπολογία)는 주로 '비난에 대하여 답변하다'라는 의미를 가진다(참고. 행 22:1; 25:16; 고전 9:3; 빌 1:7, 16). 비록 어떤 사람들은 여기에서 공식적인 법적 기소가 고려되고 있다고 주장하지만, 공적인 기소이든지 비공식적인 비난이든지 상관없이, 그리스도인은 대답할 준비를 해야 한다.[124] 곧 세상 사람들이 그리스도인을 향하여 비판적인 시각을 가지고 물어볼 경우를 대비해서 그리스도인은 항상 대답할 말을 가지고 있어야 한다.

그리스도인을 박해하는 자들의 질문은 "너희 속에 있는 소망"이다. 실제로 그리스도인은 그리스도의 부활로 말미암은 소망을 늘 가지고 있다. 그리스도인과 비그리스도인을 구별시키는 것은 바로 '소망'이다. 에베소서 2:12는 그리스도를 믿지 않는 이방인을 "세상에서 소망이 없고 하나님도 없는 자이더니"라고 묘사한다. 그러나 그리스도인은 그리스도의 부활로 말미암아 살아 있는 소망을 가진 자이며(참고. 1:3), 믿음과 소망을 하나님께 있게 한 자이다(참고. 1:21).[125] 그러므로 그리스도인은 이러한 소망을

---

124) Wayne A. Grudem, 234.

125) J. Ramsey Michaels, 407.

가지고 있기에 모든 박해와 고난과 수고에도 불구하고 낙심하지 않으며
오히려 기뻐할 수 있다.

그런데 그리스도인은 비그리스도인에게 대답할 때 "온유와 두려움으
로"(μετὰ πραΰτητος καὶ φόβου) 대답해야 한다(참고. 눅 12:4-12).[126] "온유"
는 사람들을 향한 자세인데, 자신의 중심이 온유해야만 온유가 겉으로 드
러날 수 있다(참고. 3:4). 특히 온유는 예수님이 가지신 성품이다. 예수님은
"나는 마음이 온유하고 겸손하니 나의 멍에를 메고 내게 배우라 그리하면
너희 마음이 쉼을 얻으리니"라고 말씀하셨다(마 11:29). 따라서 그리스도의
제자는 언제나 이런 마음을 가져야 한다. 그리고 "두려움"이란 하나님을
향한 두려움(경외심)이 분명하다. 이는 베드로전서에서 이 단어가 사용된
용례와 문맥에 근거한다(참고. 1:17; 2:17). 그리스도인이 자기 속에 있는 소망
에 관한 이유를 묻는 사람에게 이러한 자세로 대답을 할 때 듣는 사람은 감
동하고 그리스도에 대해서 호의적으로 변할 수 있다.

16절 _ 15절과 더불어 이 구절은 그리스도인이 고난에 대해서 취해야
할 적극적인 자세를 알려준다. 베드로는 "선한 양심을 가지라"고 말한다.
"양심"은 인간의 마음속에 있는 모든 잘못된 것을 일깨워주면서 동시에
인간이 어떻게 살아가야 하는지를 알려준다. 따라서 "선한 양심(good
conscience)을 가지라"는 말은 하나님을 의식하면서 살아가는 가운데, 하나
님이 옳다고 여기시는 것을 행하며, 옳지 않다고 하신 것을 피하는 삶을 의

---

126) 한글성경 개역개정판에서 15절 끝에 있는 "온유와 두려움으로 하고"는 헬라어 본
문에서 16절 앞에 있다. 15-16절의 헬라어 본문은 다음과 같다. 15 κύριον δὲ τὸν
Χριστὸν ἁγιάσατε ἐν ταῖς καρδίαις ὑμῶν, ἕτοιμοι ἀεὶ πρὸς ἀπολογίαν παντὶ
τῷ αἰτοῦντι ὑμᾶς λόγον περὶ τῆς ἐν ὑμῖν ἐλπίδος, 16 ἀλλὰ μετὰ πραΰτητος καὶ
φοβου, συνείδησιν ἔχοντες ἀγαθήν, ἵνα ἐν ᾧ καταλαλεῖσθε καταισχυνθῶσιν οἱ
ἐπηρεάζοντες ὑμῶν τὴν ἀγαθὴν ἐν Χριστῷ ἀναστροφήν.

미한다. 그렇게 할 때 그리스도인들의 선행을 아무런 근거도 없이 비방하는 자들이 부끄러움을 당하게 될 것이다. 15절의 권면에 이어 여기서 선한 양심을 가지라는 권면이 나오는 것은 그리스도인에게 단순한 외적 도덕성 그 이상을 요청하는 것이다. 아울러 이것은 그리스도인이 완전한 무죄함에 이르는 것이 아니라 하나님 앞에서 선한 양심을 가지는 것을 목표로 삼아야 함을 의미한다.[127]

17절 _ 이 구절은 결론적 언급이다. 베드로는 "선을 행함으로 고난 받는 것이 하나님의 뜻일진대 악을 행함으로 고난 받는 것보다 나으니라"라고 말한다. 이 문구는 14절의 "의를 위하여 고난을 받으면 복 있는 자니"를 반복해서 진술한 것이다. 선을 행함으로 고난을 받는 것이 하나님의 뜻이라는 말은 선을 행하다가 고난을 받는 것이 유익하다는 뜻이다. 왜냐하면, 이러한 고난은 신자의 믿음을 더욱 강하게 만들어 주기 때문이다(참고. 1:6-7). 더군다나 이 문구는 16절의 언급과 결합하여 이해할 수 있다. 그리스도인이 선을 행함으로 고난을 받을 때 비방하는 자들을 욕하지 않고 묵묵히 감내하면서 오히려 더욱 선을 행하면 비방하는 자들이 부끄러움을 느낄 것이고, 이는 그들이 악행을 뉘우치고 하나님께 돌아오는 계기를 만들 수 있을 것이다. 즉 신자의 수고로 불신자가 양심의 가책을 받아 복음을 받아들이고 구원을 받게 만들 수 있다. 따라서 신자가 선을 행하다가 고난을 받는 것은 유익하다.

그리스도의 모범과 승리(3:18-22)

18절 _ 헬라어 본문에서 이 구절의 제일 앞에는 "이는"(ὅτι)이라는 접속사가 있는데, 이 접속사는 앞의 구절들(13-17절)과 뒤의 구절들(18-22절)을 연

---

127) Wayne A. Grudem, 235-36.

결해 준다.[128] 이어서 "그리스도께서도"라는 단어가 있는데, 이는 앞부분에서 다룬 '선을 행함으로 고난을 받는 것'의 전형으로서 '그리스도께서도 선을 행함으로 고난을 받으셨다'는 예를 보여준다. 이처럼 그리스도인을 향한 권면이 나오고, 이어서 그리스도의 모범이 나오는 것은 이 서신에서 자주 발견되는 패턴이다(참고. 2:21-25). 베드로는 그리스도가 불의한 자들에 의해서 고난을 당하셨지만 참으셨던 일이 그리스도인이 불의한 자들에 의해서 당하는 고난을 참아야 한다는 것의 모범이 된다는 사실을 일깨워준다.[129] 더욱이 이 부분은 그리스도께서 고난을 당하신 것이 어떤 의의가 있는지를 포괄적으로 가르쳐주는데, 그리스도의 고난이 신자들에게 단순한 모범을 보여주는 데서 끝나는 것이 아니라, 그리스도의 고난을 통하여 인간이 구원을 받았다는 것을 알려준다.

"그리스도께서도 단번에 죄를 위하여 죽으사"라는 말은 구약시대에 희생제사가 반복적으로 드려짐으로 죄 사함이 있었지만, 이제 신약시대에 이르러 예수님이 십자가에서 죽으심으로 그러한 반복적인 제사가 필요 없게 되었음을 의미한다. 그리스도의 죽음은 충분하고 완전하여 하나님의 공의를 완벽하게 실현한다(참고. 롬 6:10). "의인으로서 불의한 자를 대신하셨으니"라는 말은 그리스도의 고난이 신자들이 불의한 자들에 의해 고난받는 것의 모델이 됨을 보여준다. 즉 이 서신의 수신자들이 선을 행하는 가운데 부당하게 고난을 받고 있는 것과 마찬가지로, 일찍이 예수님은 아

---

128) 한글성경 개역개정판에는 이 단어에 대한 번역이 없으나 대부분의 영어성경에는 있다("for ......").

129) 이 부분의 의미 파악을 위해서, 황원하, *응답하라 신약성경*, 서울: 세움북스, 2016, 206-13을 참고하라. 또한 베드로전서에서 그리스도인의 고난과 그리스도의 고난에 관한 논의를 위하여, Paul J. Achtemeier, "Suffering Servant and Suffering Christ in 1 Peter." in *The Future of Christology: Essays in Honor of Leander E. Keck*, ed. Abraham J. Malherbe and Wayne A. Meeks, Minneapolis: Fortress, 1993, 176-88을 참고하라.

무런 죄가 없으셨지만 적대자들에 의해서 배척당하셨다.

　"이는 우리를 하나님 앞으로 인도하려 하심이라"는 말은 예수님이 고난을 받으신 목적을 가르쳐준다. 예수님이 고난을 받으신 것은 단지 고난 받는 신자의 모범이 되기 위한 것이 아니다. 그러한 것은 부수적인 것이고, 궁극적인 것은 죄인인 우리를 하나님 앞으로 데려가시기 위해서이다. 따라서 베드로는 이 서신에서 종종 그리스도를 모범으로만 예시하지 않고 그리스도의 복음의 실체를 설명한다. 이제 우리는 예수님의 죽음을 통해서 죄 용서를 받고 하나님 앞에 나아갈 수 있게 되었다. 예수님을 믿는 사람들은 하나님의 자녀가 되어서 언제든지 하나님 앞에 나아갈 수 있으며, 장래에 새 하늘과 새 땅에서 영원히 하나님과 함께 살게 될 것이다.

　"육체로는 죽임을 당하시고 영으로는 살리심을 받으셨으니"라는 문구는 해석하기가 쉽지 않다. 이 문구의 헬라어 원문에서는 두 개의 수동태 아오리스트 분사구가 대조를 이루며("죽임을 당하시고" [θανατωθείς]; "살리심을 받으셨으니" [ζωοποιηθείς]), 두 개의 여격 명사가 대조를 이룬다("육체로는" [σαρκί]; "영으로는" [πνεύματι]). 어떤 사람들은 이 문구가 예수님의 죽음과 부활을 의미한다고 주장한다. 즉 예수님이 비록 인간의 죄를 대신하여 죽임을 당하셨으나 하나님의 능력에 의하여 살아나셨다고 말한다는 것이다. 그러나 이런 해석은 이어지는 내용과 어울리지 않는다. 만일 베드로가 여기서 예수님이 부활하신 것을 말했다면 굳이 19절과 20절처럼 말할 필요가 없었을 것이다. 따라서 이 문구를 예수님께서 육체로 죽임을 당하셔서 사흘 동안 육체가 죽어 있었지만, 그 기간에 영으로 살아 있었다는 뜻이라고 이해할 수 있다. 즉 여기에서 '영'을 '성령'이 아닌 '그리스도 자신의 영'(신성)으로 이해하는 것이다.

19절 _ "그가 또한 영으로 가서 옥에 있는 영들에게 선포하시니라"는 문구에서 "또한"(καὶ)의 기능은 주님이 죽임을 당하신 후에 여러 곳을 다니셨는데, "옥에 있는 영들"에게도 가셨음을 뜻한다. "가서"(πορευθείς)는 아오리스트 분사인데, 이 단어 자체로서는 '올라가는 것'을 말하는지 '내려가는 것'을 말하는지가 분명하지 않다(그러나 요 14:2, 3, 28; 16:28; 행 1:10-11에서는 예수님의 승천을 의미함). 따라서 이 단어의 의미를 문맥을 통해서 파악해야 한다. 어쨌든 이 단어는 그리스도의 임재를 의미한다. 그리스도께서는 죽으신 후에 아무것도 하시 않고 가만히 계셨던 것이 아니라 계속해서 활동하셨다. 죽음은 그분을 무덤에 가둘 수 없었다.

"옥에 있는 영들"(ἐν φυλακῇ πνεύμασιν)에서 "영들"이라는 단어 자체는 다양한 뜻을 가진다. 그것을 몸, 영적 측면, 악령, 성령, 바람, 호흡 등의 뜻으로 이해할 수 있다. 따라서 여기에서 영들이 누구를 가리키는지는 문맥을 고려해서 결정해야 한다. 이어지는 20절은 그들에 대하여 "전에 노아의 날 방주를 준비할 동안 하나님이 오래 참고 기다리실 때에 복종하지 아니하던 자들이라"라고 말한다. 그러면서 "방주에서 물로 말미암아 구원을 얻은 자가 몇 명뿐이니 겨우 여덟 명이라"고 말한다. 따라서 이들은 노아 시대의 타락한 천사들이거나 불의한 사람들이거나 아니면 양자 모두를 가리킨다.

"선포하시니라"(ἐκήρυξεν)는 아오리스트로서 '선포하셨느니라'로 번역해야 한다. 즉 이것은 그리스도께서 옥에 있는 자들에게 구원의 기회를 주시기 위하여 복음을 전하신 것이 아니라, 그들에게 자신이 죽음으로부터 승리하셨다는 소식을 '단호하게'(아오리스트의 용례) 선언하신 것이며, 따라서 그들에게 심판의 메시지를 선포하신 것을 뜻한다. 그렇다면 예수님은 언제 이들에게 승리의 소식을 선포하셨는가? 문맥을 고려할 때, 예수님이 부활하신 후에 그리고 그분이 승천하시기 전에 선포하셨다고 볼 수 있다 (참고. 22절). 따라서 19절의 문구는 그리스도의 승리에 근거하여 그리스도 인들이 승리를 확신할 수 있다는 뜻을 내포한다.

20절 _ 이 구절은 "옥에 있는 영들"의 정체가 무엇인지를 보여준다. 여기서 '영들'(spirits)이 누구인지에 대하여 학계에서 다양한 견해가 제시되었다. 노아 시대에 불순종했던 천사들(참고. *1 Enoch* 21.6, 10), 노아 홍수 때 죽었던 불의한 사람들, 두 부류를 모두 포함한다는 주장 등이 있다. 이 견해 중에서 '노아 시대에 불순종했던 천사들'이라고 보는 것이 제일 합당하다.[130] 이런 결론은 무엇보다도 이어지는 20절이 노아 홍수를 언급한다는 점과 베드로가 베드로후서 2:4-5에서 노아 홍수와 타락한 천사들을 연결한다는 점을 고려할 때 지지를 받는다. 따라서 이 구절은 예수님이 죽임을 당하신 후에 여러 곳을 다니셨는데, 그곳들 중에서 노아 시절에 불순종했던 천사들이 갇혀 있는 곳(옥)에 가셔서, 자신이 죽음으로부터 승리하셨다는 소식과 장차 종말론적인 심판이 있을 것이라는 소식을 선언하셨다는 뜻으로 이해할 수 있다.

21절 _ 베드로는 20절에서 물을 노아 홍수와 연결하면서, 방주에서 물로 말미암아 구원을 얻은 자가 겨우 여덟 명이라고 말했다. 이제 베드로는 하나님이 물로 세상을 심판하시는 중에 방주에 타고 있어서 생명의 건짐을 받은 것이 무엇을 의미하는지를 설명하려고 한다. 예수 그리스도의 부활로 구원을 얻는다는 말은 이미 1:3에서 언급되었다. 곧 그리스도의 부활은 신자의 부활의 이유이며 근거가 된다. "물은 … 이제 너희를 구원하는 표니 곧 세례라"라는 말은 세례가 하나님의 심판을 통과하여 구원을 받는다는 표, 곧 '원형'(antitype)이라는 뜻이다.

---

130) 이에 대해서, 황원하, 209-11을 참고하라.

베드로는 노아 홍수 때 노아의 가족이 방주 안에 있으므로 구원을 받은 것이 그리스도를 통하여 구원을 받은 것을 상징한다는 것을 말한다. 그래서 세례에 대하여 "이는 육체의 더러운 것을 제하여 버림이 아니요"라고 말한다. 그리고 이어서 그는 세례를 "하나님을 향한 선한 양심의 간구"라고 말한다. 이것은 세례가 하나님을 향하여 죄 용서를 구하는 일이라는 뜻이다. 우리는 그리스도의 부활하심으로 말미암아 모든 더러운 것들로부터 깨끗함을 받았고 하나님이 원하시는 선하고 거룩한 상태가 되었다. 이에 대해서 히브리서 10:22는 다음과 같이 말한다. "우리가 마음에 뿌림을 받아 악한 양심으로부터 벗어나고 몸은 맑은 물로 씻음을 받았으니 참 마음과 온전한 믿음으로 하나님께 나아가자."[131]

22절 _ 이제 베드로는 예수 그리스도에 관하여 말한다. "그는 하늘에 오르사 하나님 우편에 계시니 천사들과 권세들과 능력들이 그에게 복종하느니라." 예수 그리스도가 하늘에 오르셔서 하나님 우편에 계신다는 말은 예수 그리스도가 승귀하셔서 하나님의 권세를 가지고 세상을 다스린다는 뜻이다(참고. 롬 8:34; 엡 1:20; 빌 2:9-11). 이것은 시편 110:1에서 "여호와께서 내 주에게 말씀하시기를 내가 네 원수들로 네 발판이 되게 하기까지 너는 내 오른쪽에 앉아 있으라 하셨도다"라는 말씀으로 예언되었던 것인데 그리스도가 부활하신 후에 실제로 성취되었다. 예수 그리스도의 승천은 사도행전 1:10에 나온다. 그리스도께서 하늘에 오르셨다는 것은 그리스도께서 땅에 계실 때 행사하지 못하셨던 새로운 권세와 능력을 받은 것을 의미한다. 베드로는 예수님이 대제사장으로서 하늘에 들어가셨다는 사실을 생각했다(참고. 히 4:14; 9:24).[132]

---

131) 베드로전서의 고난과 세례 주제에 대해서, David Hill, "On Suffering and Baptism in 1 Peter," *NovumTestamentum* 18(1976): 181-89를 참고하라.

132) 오광만, 219.

"천사들과 권세들과 능력들이 그에게 복종하느니라"는 말은 예수 그리스도의 영광스럽고 절대적인 권세와 지위를 보여준다. 즉 이것은 예수 그리스도가 고난을 참으신 후 승리하신 것을 설명한다. 이러한 예수님의 영화로운 모습은 신약성경에서 여러 곳에 나오는데, 대표적으로 "만물을 그의 발 아래에 두셨다 하셨으니 만물을 아래에 둔다 말씀하실 때에 만물을 그의 아래에 두신 이가 그 중에 들지 아니한 것이 분명하도다"라는 말씀에 나온다(고전 15:27). 특히 베드로는 이를 통하여 그리스도인이 고난을 참을 때 그들에게 칭찬과 영광이 있을 것을 말한다. 결국, 그리스도인은 그리스도께서 고난을 참고 승리한 것의 본을 보이셨고, 또한 그분이 승리할 수 있는 근거를 마련해 놓으셨기 때문에, 고난 가운데 참을 힘과 용기를 얻으며 고난 속에서도 소망과 기쁨을 가질 수 있다.

│ 설교자를 위한 지침 │

1. 이 단락에는 그리스도인이 선을 행하다가 고난을 받을 때 어떤 마음을 가져야 하는지가 기록되어 있다. 그리스도인은 그리스도의 복음 때문에 그리고 그리스도의 복음을 따르는 삶 때문에 고난을 당할 때가 있는데, 베드로는 이런 순간에 고난을 두려워하지 말고 오히려 선한 양심을 가지고 처신하여 그들을 비방하고 욕하는 자들을 부끄럽게 만들어야 한다고 한다. 따라서 설교자는 이러한 지침을 회중에게 잘 전달해 주어야 한다.

2. 베드로는 15절에서 그리스도인이 갖추어야 할 중요한 덕목을 말한다. 설교자는 이 구절을 통하여 전도훈련을 시킬 수 있다. 가장 좋은 전도 방법은 사람들이 자신에게 찾아오게 하는 것이다. 우리가 소망을 가지고 있으면 사람들이 우리 안에 있는 소망에 관한 이유를 물을 것이다. 따라서

설교자는 신자들이 그리스도를 주로 삼아 거룩하게 함으로 소망이 가득한 삶을 평소에 살아가라고 권면해야 한다. 그렇게 할 때 신자들 주위에 있는 사람들을 얻을 것이다.

3. 18-22절은 해석하기가 쉽지 않고 학자들 사이에 논란이 많다. 따라서 설교자는 설교 시간에 지나치게 학문적이고 논쟁적인 부분을 말하기보다는 받아들이기 무난한 견해를 택하여 소개하는 것이 좋다. 특히 설교자는 그리스도께서 고난당하신 것을 신자들이 고난당하는 것의 모범으로 제시할 수 있지만, 이에서 더 나아가 그리스도의 고난이 가진 의미와 목적 등을 충분히 전달해야 한다. 그리스도의 고난으로 우리가 얻게 된 구원의 복을 정확히 말해야 한다.

2. 고난 가운데 선을 행하라 (4:1-11)

4:1 그리스도께서 이미 육체의 고난을 받으셨으니 너희도 같은 마음으로 갑옷을 삼으라 이는 육체의 고난을 받은 자는 죄를 그쳤음이니

4:2 그 후로는 다시 사람의 정욕을 따르지 않고 하나님의 뜻을 따라 육체의 남은 때를 살게 하려 함이라

4:3 너희가 음란과 정욕과 술취함과 방탕과 향락과 무법한 우상 숭배를 하여 이방인의 뜻을 따라 행한 것은 지나간 때로 족하도다

4:4 이러므로 너희가 그들과 함께 그런 극한 방탕에 달음질하지 아니하는 것을 그들이 이상히 여겨 비방하나

4:5 그들이 산 자와 죽은 자를 심판하기로 예비하신 이에게 사실대로 고하리라

4:6 이를 위하여 죽은 자들에게도 복음이 전파되었으니 이는 육체로는 사람으로 심판을 받으나 영으로는 하나님을 따라 살게 하려 함이라

4:7 만물의 마지막이 가까이 왔으니 그러므로 너희는 정신을 차리고 근신하여 기도하라

4:8 무엇보다도 뜨겁게 서로 사랑할지니 사랑은 허다한 죄를 덮느니라

4:9 서로 대접하기를 원망 없이 하고

4:10 각각 은사를 받은 대로 하나님의 여러 가지 은혜를 맡은 선한 청지기 같이 서로 봉사하라

4:11 만일 누가 말하려면 하나님의 말씀을 하는 것 같이 하고 누가 봉사하려면 하나님이 공급하시는 힘으로 하는 것 같이 하라 이는 범사에 예수 그리스도로 말미암아 하나님이 영광을 받으시게 하려 함이니 그에게 영광과 권능이 세세에 무궁하도록 있느니라 아멘

〈본문의 위치와 구조〉

이 단락은 베드로가 앞에서(3:13-22) 말한 고난에 관한 권면을 실천하라는 요청이다. 베드로는 3:13-17에서 그리스도인이 선을 행하다가 고난을

받는 것을 두려워하지 말라고 한 후에, 3:18-22에서 그리스도께서 고난을 받으셨으나 승리하신 소식을 말했다. 그런데 이제 다시 그는 3:13-17로 돌아가서 그리스도인이 고난을 받을 때 어떤 마음을 가져야 하는지를 말한다. 이 단락은 두 부분으로 나뉜다. 1-6절은 일반적인 삶에 대한 것이고, 7-11절은 교회적인 삶에 대한 것이다.

    4:1-6   그리스도인의 일반적인 삶
    4:7-11   그리스도인의 교회적인 삶

〈본문주해〉

그리스도인의 일반적인 삶(4:1-6)

1절 _ 이 구절에서 베드로는 신자가 고난에 대하여 어떤 자세를 가져야 하는지를 말한다. "그리스도께서 이미 육체의 고난을 받으셨으니"라는 말은 3:18-22(특히 18절)에서 진술된 내용을 가리킨다. 앞에서 베드로는 그리스도께서 고난을 받으신 것이 신자들에게 어떤 유익을 주는지를 말했다. 그는 그리스도의 고난을 우리에게 박해와 치욕을 감당하는 외적인 자기 부인과, 죄의 몸을 멸하는 내적인 자기 부인의 모범으로 제시했다. 또한 그리스도의 고난이 그리스도인이 자기를 부인하는 일의 모범일 뿐만 아니라, 그것의 효과적이며 공로적인 원인이라고 말했다. 곧 그리스도는 우리의 고난의 본이 되시면서 동시에 그것을 가능하게 하셨다는 것이다.[133] 따라서 베드로는 신자가 선을 행하다가 고난당하는 것을 절망적으로 보지 않는다.

---

133) Matthew Poole, 130.

　"너희도 같은 마음으로 갑옷을 삼으라"는 말은 신약성경과 고대 그리스-로마 문학이나 유대 문학에서 자주 발견되는 군사은유(military metaphor)이다(참고. 롬 13:12-14; 고후 6:7; 엡 6:11-17; 살전 5:8 등).[134] 하나님의 자녀가 이 땅에서 살아가는 것은 영적인 전투와 같기에 신약성경의 저자들은 이런 군사적인 은유를 적절하게 사용했다. "마음"이라는 단어에 해당하는 헬라어 '엔노이아'(ἔννοια)는 이 문맥에서 '태도'(attitude)나 '생각'(thought)으로 번역하는 것이 타당하다. 이 표현이 암시하는 것은 그리스도께서 당하신 고난을 생각하면서 고난을 견디고 이기라는 것이다. 그리스도인은 언제나 그리스도의 모범을 따르는 사람이고 그리스도께서 걸어가신 길을 걸어가는 사람이다.

　"이는 육체의 고난을 받은 자는 죄를 그쳤음이니"라는 표현에서 "이는"(ὅτι)이라는 접속사는 이유가 아니라 설명을 위한 것이다. 그렇다면 이것은 '곧'이라는 말로 이해하여 앞의 문구를 뒤에서 확장 보충해 주는 것이 된다. 이 문구에서 "육체의 고난을 받은 자"가 그리스도를 가리키는지 아니면 그리스도인을 가리키는지에 대해서 논란이 있다.[135] 어떤 이들은 이 표현의 주어를 그리스도라고 보는데, 이는 2절 끝의 '... 하려 함이라'는 문구와 잘 어울리기 때문이다. 하지만 이렇게 보면 그리스도가 고난을 받기 전에는 죄를 가지고 있었다는 뜻이 되어서 '무죄한 그리스도'를 부정하는 결과를 낳는다.

　따라서 이 표현의 주어를 그리스도인이라고 보는 것이 적합하다. 베드로는 이 구절에서 그리스도로부터("그리스도께서 이미 육체의 고난을 받으셨으니") 그리스도인들로("너희도 같은 마음으로 갑옷을 삼으라") 이동해 왔기에, 그가 이

---

134) Donald P. Senior, 113.

135) L. Goppelt, 278-82에 소개된 긴 논의를 보라.

어지는 문장에서도 그리스도인들("이는 육체의 고난을 받은 자는 죄를 그쳤음이니")
에 대해서 말한다고 보는 것이 바람직하다. 그리고 이어지는 구절에서도
그는 그리스도인에 대해서 말한다.[136] 그렇게 본다면 이 말은 그리스도인
이 그리스도를 믿음으로써 죄로부터 완전히 분리되었다는 것을 의미한다.
바울도 이와 비슷한 말을 했다. "이는 죽은 자가 죄에서 벗어나 의롭다 하
심을 얻었음이라"(롬 6:7).

그런데 이에 대해서 조금 더 생각할 것이 있다. "고난을 받은 자"(ὁ
παθὼν)는 아오리스트 분사형태로 되어 있고, "그쳤음이니"(πέπαυται)는
시제가 완료형이다. 따라서 이것은 죄가 끝났다는 사실을 강조한다. 이것
은 그리스도가 고난을 받음으로 죄의 권세를 깨뜨리셨기 때문에 그리스도
와 함께 죽고 부활한 우리는 죄에 대하여 이길 수 있게 되었음을 암시한
다. 그리하여 우리는 바울의 말대로 "옛 사람이 예수와 함께 십자가에 못
박힌 것"이 되었고(롬 6:6), "죄에 대하여는 죽은 자"의 상태가 되었다(롬
6:11). 비록 신자가 이 세상에서 사는 동안에는 죄에 대해서 완전히 죽은 자
(자유로운 자)가 되지 않겠지만, 자기 속에 계시는 성령의 도우심으로 점차
죄를 미워하고 죄로부터 구별되어 갈 것이다.

2절 _ 베드로는 이제 그리스도인들이 죄를 그침으로 어떤 삶을 살게 되
는지를 말한다. "그 후로는"(εἰς τὸ : so as to …)이란 그리스도를 영접하고
변화된 상태 이후를 의미한다. "다시 사람의 정욕을 따르지 않고 하나님의
뜻을 따라 육체의 남은 때를 살게 하려 함이라"는 그리스도인의 일반적인
삶의 형태를 보여준다. "사람의 정욕"과 "하나님의 뜻"은 반대되는 개념
인데, 전자는 타락한 육신의 즐거움을 좇는 것을 의미하며, 후자는 하나님
이 계명으로 주신 것을 따르는 거룩한 삶을 뜻한다. "육체의 남은 때"란

---

136) Scot McKnight, 243-44.

이 땅에서 생명을 가지고 사는 모든 기간을 의미한다. 그러므로 이 구절은 그리스도인이 점진적인 거룩함에 이를 것임을 시사한다.

3절 _ 베드로는 그리스도인이 피해야 할 것을 말한다. "음란과 정욕과 술취함과 방탕과 향락과 무법한 우상 숭배"라는 죄의 목록은 1절의 "죄"와 2절의 "사람의 정욕"을 설명한 것이다(참고. 롬 13:13; 갈 5:19-21). 당시에 이방인들은 타락하고 음란한 문화적 배경 위에 있었기 때문에, 그들은 음란과 정욕과 술취함 등을 아무런 죄의식 없이 자연스럽게 행했다. 그런데 여기서 다른 죄들과 더불어 "우상 숭배"가 있는 것이 눈에 띈다. 특히 베드로는 "무법한 우상 숭배"(ἀθεμίτοις εἰδωλολατρίαις: disgusting idolatry)라는 표현을 쓰는데, 이것은 우상 숭배 자체가 문제이지만 동시에 당시 우상 숭배 때 종교행위로 동반되었던 타락을 반영한다.

베드로는 죄의 목록과 더불어 "이방인의 뜻을 따라 행한 것은 지나간 때로 족하도다"라고 단호한 어조로 말한다. "이방인의 뜻을 따라 행한 것"이란 표현에서 이방인이란 유대인과 구별되는 민족적인 의미에서의 이방인이 아니다. 이 문맥에서 이방인은 비그리스도인, 곧 거듭나지 않은 사람을 가리킨다(참고. 2:12). "이방인의 뜻"이란 표현은 2절에 있는 "사람의 정욕"과 같은 의미를 가지며 "하나님의 뜻"과 대비된다. 주님의 성령이 함께하시지 않는 자들은 양심이 무디어져서 육신의 쾌락과 소욕을 중요하게 여겨 그것에 지배를 받고 그것이 금지된 죄인지도 모른다. "지나간 때로 족하도다"라는 말은 더 이상 과거로 돌아가서 이전의 삶을 되풀이하지 말라는 권면이다.[137] 이것은 2절의 "육체의 남은 때를 살게 하려 함이라"와 마찬가지로 바른 삶의 결단을 촉구한다.

---

137) J. N. D. Kelly, 169.

4절 _ 베드로는 비그리스도인들이 그리스도인들을 비난할 것이라는 사실을 언급한다. "극한 방탕에 달음질" 하는 것(ἀσωτίας ἀνάχυσιν: flood of dissipation)은 문자적으로 '방탕의 홍수에 뛰어 드는 것'(run with them in this flood of dissipation)을 의미한다. 이것은 이방인들이 육신의 정욕, 곧 음란과 정욕과 술취함과 방탕과 향락과 무법한 우상 숭배를 좇는 일에 엄청난 열심을 기울이는 모습을 서술한 것이다. 이방인들은 그리스도인들이 자신들의 문화와 행습을 따르지 않는 것을 보고 이상하게 여겨 비방할 것이다. 왜냐하면, 이방인들은 자신들의 다박한 문화가 정상석이라고 생각하기 때문이다. 그들에게는 하나님의 말씀이 없었기 때문에 말씀이 규정하는 죄에 대한 각성이 없었고 심지어 죄 의식 자체가 없었다.

5절 _ 베드로는 비그리스도인들이 그리스도인들을 비난한 결과가 무엇인지를 종말론적 관점에서 말한다. "산 자와 죽은 자를 심판하기로 예비하신 이"는 그리스도일 수 있겠지만, 베드로전서에서는 하나님께서 심판하실 것이라는 말이 자주 나오기에 하나님으로 이해하는 것이 좋겠다(참고. 1:17; 2:23; 4:17-19; 5:10).[138] "산 자와 죽은 자" 란 세상의 처음부터 마지막까지 이 땅에 살았던 모든 인류를 가리킨다.[139] 하나님은 모든 역사의 주관자이시며 시간과 공간에 제한을 받지 않으시는 분이다. "그들이 … 사실대로 고하리라"(ESV: they will give account to him)라는 표현을 한글성경 공동번역은 의미를 살려서 다음과 같이 번역한다. "그들은 산 사람과 죽은 자를 심판

---

138) Donald P. Senior, 115. 베드로전서는 심판자를 성부로 말하는 것이 사실이나, 신약성경은 심판하시는 분을 성부라고 말하기도 하고(참고. 롬 2:6; 3:6), 성자로 말하기도 한다 (참고. 마 25:31-46; 눅 21:34-36; 행 10:42; 롬 14:9; 딤후 4:1). Scot McKnight, 245. 이 주제에 대해서 Peter H. Davids는 다음과 같이 말한다. "Yet we must not lose sight of the fact that the concern of the phrase is not who will judge, but that even the dead cannot escape the final judgment.... Thus these believers' persecutors will be brought to account. Furthermore, this judgment is not a long way off, for the judge is already ready." Peter H. Davids, 153.

139) Alan M. Stibbs, 150.

하실 분 앞에서 바른 대로 고해야 할 것입니다.” 이것은 불신자가 장차 심판대 앞에 섰을 때 악한 행동을 하고 그리스도인을 비방했던 죄를 실토할 것이라는 뜻이다.

6절 _ 이제 베드로는 5절의 심판 이후의 상황을 기술한다. 문장 첫머리의 “이를 위하여”(εἰς τοῦτο γὰρ : for to this purpose)는 그리스도인들이 이전의 삶의 방식을 버리고 새로운 삶의 방식을 받아들이는 것을 반영한다. “죽은 자들에게도 복음이 전파되었으니”라는 문구는 해석하기가 까다로운데, 어떤 학자들은 이것을 그리스도를 믿지 않은 채 죽은 자들에게 회심의 기회가 제공된 것이라고 주장하지만, 그것은 성경 전체의 가르침과 어울리지 않는다. 결코, 사람은 죽은 후에 천국과 지옥을 선택할 기회를 가지지 못한다. 오히려 이 문구에서 죽은 자들에게 복음이 전파된 것은 이미 과거에 이루어진 일이다. 이를 위하여, 베드로는 동사들을 아오리스트 수동태로 표현한다. 따라서 이 말은 죽은 자들이 과거에 살아 있을 때 복음을 들어서 주님을 믿었고, 지금은 죽은 상태에 있는 것을 의미한다.

“이는 육체로는 사람으로 심판을 받으나 영으로는 하나님을 따라 살게 하려 함이라”는 표현은 비록 신자들이 육체로는 인간이 받는 죽음의 심판을 경험하겠지만, 영적으로는 영원한 삶을 살게 될 것이라는 뜻이다(참고. 히 12:23). 다시 말해서, 이것은 신자들이 육신적으로 죽었다고 해서 그들이 죄의 결과로 죽은 것처럼 보이는 것이 아니라는 것이다. 다만, 신자들은 영생으로 들어가는 관문으로서 죽음이라는 절차를 경험할 뿐이다. 실상 그들은 육신으로는 죽었지만, 영으로는 승리하여 영원한 생명을 얻어서 하나님의 나라에서 영원히 산다. 그러므로 신자들은 이 세상에서 어려움을 당한다고 해서 좌절하거나 낙심하거나 의심하지 말아야 한다.

그리스도인의 교회적인 삶(4:7-11)

7절 _ 베드로는 1-6절에서 그리스도인의 일반적인 삶에 대해서 말했다. 즉 그리스도인이 세상에서 어떤 삶을 살아야 하는지를 언급했다. 이제 7-11절에서 베드로는 방향을 조금 바꾸어서 그리스도인의 교회적인 삶에 대해 말한다. 여기서 그는 그리스도인이 교회를 이루어 세상을 살아가는 문제에 대하여 언급한다. 기독교 신앙은 반드시 교회적이다. 결코, 신자들은 혼자서 신앙생활을 하시 않고 교회를 이루어서 힘께 신잉의 성상을 노고하고 사랑과 선행을 격려한다(참고. 히 10:24-25). 이러한 교회 중심 사상은 2:4-10에서 그리스도인의 성장을 도모하는 가운데 언급되었는데, 여기서 다시 거론되며, 이후 5장에서 구체적으로 다루어질 것이다.

베드로는 "만물의 마지막이 가까이 왔으니" 라는 말로 논의를 시작한다. 이 문구에서 "가까이 왔으니" 라는 동사는 완료시제(ἤγγικεν)로 되어 있어서 세상의 마지막이 임박했음을 시사한다. 신약성경에서 '가까이 오다' (ἐγγίζω)는 말은 예수님의 강림이나 세상의 마지막을 의미하는 말로 많이 사용되었다(참고. 마 4:17; 10:7; 막 1:15; 눅 10:9, 11; 롬 13:12; 빌 4:5; 히 10:25; 약 5:8; 계 1:3).[140] 특히 세례 요한과 예수님은 '천국이 가까이 왔다' 고 선포했는데(참고. 마 4:17; 막 1:15), 베드로는 그 말을 같은 의미로 사용하고 있다. 따라서 베드로는 앞에서 예수님의 초림을 말하고 초림 때 이루어진 구속의 결과를 말했는데, 이제 여기서 예수님의 재림을 말하면서 그리스도인들이 갖추어야 하고 실천해야 할 덕목을 제시한다.[141]

---

140) Donald P. Senior, 119.

141) 베드로전서에서 예수님의 재림의 관점에서 신자가 어떻게 살아야 하는지에 관한 권면에 대한 연구를 위해서, Edmond D. Hiebert, "Living in the Light of Christ's Return: An Exposition of 1 Peter 4:7-11," *Bibliotheca Sacra* 139(1982): 243-54를 참고하라.

베드로는 만물의 마지막이 가까이 왔기 때문에 "너희는 정신을 차리고 근신하여 기도하라"고 권면한다. "정신을 차리고 근신하여 기도하라"는 말은 깨어서 기도하라는 뜻인데, 이 말 역시 예수님이 베드로를 비롯한 제자들에게 하신 말씀이다(참고. 마 24:42; 막 13:35). 여기서 "정신을 차리고"와 "근신하여"는 같은 의미를 가지는데, 두 단어가 결합하여 맑은 정신과 깨어 있는 상태를 강조한다. 정신을 차리고 근신하는 것은 기도를 더욱 잘하게 한다. 그리스도인은 희미한 정신으로 대충 기도하지 말고, 맑은 정신과 바른 생각을 가지고 기도해야 한다(참고. 엡 6:18; 골 4:2). 신자들이 재림에 관한 이야기를 들으면서 지나친 두려움을 가지거나, 현실의 안일함을 가질 수 있는데, 이런 것은 예수님의 재림을 기다리는 바른 자세가 아니다.

8절 _ 8-9절은 종말론적인 삶을 사는 신자들이 교회 안에서 실천해야 할 일에 대한 권면이다. "무엇보다도"(πρὸ πάντων : above all)라는 문구는 재림을 기다리는 성도들에게 절실히 요구되는 것이 무엇인지를 보여준다. "뜨겁게 서로 사랑할지니"라는 말은 1:22("마음으로 뜨겁게 서로 사랑하라")에 언급된 것인데, 신자들이 매우 적극적으로 서로 사랑하라는 뜻이다. 사랑은 관념이나 이론이 아니라 실제이며 실천이다. 신자는 다른 사람의 필요와 관심에 민감해서 그들의 필요를 채워주고 그들을 행복하게 해 주어야 한다. "사랑은 허다한 죄를 덮느니라"는 말은 잠언 10:12를 인용한 것이다(참고. 약 5:20). 이것은 권징을 배제한다는 뜻이 아니라 죄와 허물을 용서해 주고 그러한 죄와 허물이 더 이상 발생하지 않도록 격려해 준다는 뜻이다.

9절 _ "서로 대접하기를 원망 없이 하고"는 손님 혹은 나그네 대접을 잘하라는 뜻이다. 당시에 그리스도인들은 가정에서 모였는데, 이에 대하여 불평하지 말라는 뜻이다. 더욱이 여러 지역을 다니면서 말씀을 전하는 순회 전도자들에게 그리스도인들이 숙식을 제공하는 일이 필요했다(참고. 마

10:11-15; 25:35; 고전 11:17-34; 딤전 3:2; 딛 1:8; 약 2:1-7).[142] "원망 없이 하고"는 경제적으로 어려운 형편에 있는 신자들에게 있어서 손님(나그네)을 잘 대접하는 것이 쉽지 않았기에 이런 측면에서 원망하거나 불평하지 말라는 뜻이다. 또한 대접을 받는 나그네 역시 대접하는 주인에 대하여 비록 그가 소홀히 대하더라도 불쾌한 감정을 가지지 말라는 뜻이다. 결국, 이 말은 종말이 다가올수록 그리스도인들이 더욱 연대하고 사랑해야 한다는 교훈을 주며, 더욱이 순회 전도자를 잘 대접함으로 복음 전도에 기여해야 한다는 뜻을 내포한다.

10절 _ 10-11절에서 베드로는 은사를 사용하는 문제를 말한다. 이는 은사를 사용하는 것이 교회생활에서 대단히 중요하기 때문이다. 하지만 베드로는 은사의 종류나 은사의 목적 등을 상세히 서술하지 않는데, 이는 바울이 은사에 대해서 자세히 말한 것과 대조된다(참고. 고전 12-14장). 다만, 여기서 베드로가 말하고자 하는 것은 은사를 잘 사용함으로써 교회를 굳건히 세우라는 것이다. 이 구절들에서 베드로는 은사의 근원이 하나님이시며, 은사가 하나님에 관한 것에 사용되어야 하고, 하나님의 영광을 드러내는 목적으로 사용되어야 하며, 하나님이 주시는 힘으로 사용되어야 한다는 사실을 말한다.

"각각 은사를 받은 대로"란 사람이 받은 은사가 하나님에게서 주어진 것임을 의미하며, 또한 은사의 종류와 숫자가 다양함을 시사한다. "하나님의 여러 가지 은혜"라는 은사가 하나님의 은혜로 주어지는 것이며, 다시금 은사에는 다양한 것이 있음을 분명히 해 준다(참고. 고전 12:4-11). "선한 청지기 같이 서로 봉사하라"는 문구는 은사라는 것이 하나님에게서 사람에게 맡겨진 것임을 알려준다. 신자는 은사의 주인이 아니라 은사의 관리자이

---

142) Donald P. Senior, 120.

다. 따라서 신자에게 주어진 은사를 잘 관리하고 사용함으로 하나님의 뜻을 받들어야 한다. 은사를 통해서 자신을 드러내거나 자신의 이득을 취하려고 하지 말아야 한다. 은사는 봉사를 위해 주어진 것이다.

11절 _ 베드로는 은사 중에서 대표적인 두 가지를 가지고 은사 사용의 예를 설명한다. 즉 '말하는 것'과 '봉사하는 것'을 어떻게 해야 하는지에 대한 지침을 준다. "만일 누가 말하려면"이란 일상적인 대화나 통상적인 연설을 가리키지 않는다. 이것은 예배를 드리는 가운데 있는 공적인 설교나 가르침을 의미하며, 나아가서 바울이 언급한 예언(롬 12:6), 가르침(롬 12:7), 권면(롬 12:8), 지혜의 말씀과 지식의 말씀(고전 12:8) 등을 포괄한다(참고. 엡 4:11).[143] "하나님의 말씀을 하는 것 같이 하고"란 하나님의 말씀답게 전하라는 뜻이다. 설교자나 교사는 말씀을 전하거나 가르칠 때, 말씀의 권위를 존중해야 하며, 말씀의 정확한 뜻을 드러내야 하고, 말씀에 계시된 하나님에 대한 지식을 전달해야 한다.

"누가 봉사하려면 하나님이 공급하시는 힘으로 하는 것 같이 하라"는 말은 10절의 "서로 봉사하라"는 말을 설명해 준다. 이 용어는 예언이나 가르침을 포함하지 않는 실천적인 봉사들, 즉 예배 의식의 진행, 치유, 행정 및 사법적 지도, 가난한 자들을 구제하는 일 등을 포괄한다(참고. 행 6:1-6).[144] "하나님이 공급하시는 힘으로 하는 것 같이 하라"는 말은 앞에서 나온 "하나님의 말씀을 하는 것 같이 하고"와 병행을 이룬다. 이 두 개의 어구는 은사의 근원이 하나님이시라는 점을 분명히 보여준다. 봉사하는 사람들은 하나님께 잘 감당할 수 있도록 기도해야 한다. 아울러 경건하고 반듯하고 성실한 태도를 가지고 봉사해야 한다. 신자들이 봉사할 때 기쁨으

---

143) J. Ramsey Michaels, 504.

144) J. Ramsey Michaels, 506; J. N. D. Kelly, 227.

로 하고, 활기차게 하며, 정성을 다해서 할 때 하나님이 영광을 받으실 것이다.

베드로는 마지막으로 은사의 목적을 말한다. 은사의 목적은 "범사에 예수 그리스도로 말미암아 하나님이 영광을 받으시게 하려 함"이다. 신자는 예수 그리스도의 이름으로 봉사해야 하고, 그것을 통해서 하나님이 영광을 받으시게 해야 한다. 은사는 결코 그것을 사용하는 사람을 주목하게 만들거나 그의 영달과 인위와 영예를 드러내지 말아야 한다. 은사는 오로지 하나님이 주신 것으로 하나님의 영광을 드러내는 목적을 가져야 한다. 사실 그리스도인의 모든 삶과 봉사는 은사를 사용하든지 그렇지 않든지 간에 하나님의 영광을 위한 것이어야 한다. "그런즉 너희가 먹든지 마시든지 무엇을 하든지 다 하나님의 영광을 위하여 하라"(고전 10:31).

"그에게 영광과 권능이 세세에 무궁하도록 있느니라 아멘"은 '송영'(doxology)이다. 베드로는 단락의 마지막에 송영을 넣어서 모든 영광을 하나님께 돌림으로 적절하게 마무리한다. 송영은 '아멘'으로 끝나는데, 이는 송영의 진실성을 드러내고 모든 성도의 동의와 공감을 끌어낸다(참고. 시 41:13; 롬 11:36; 엡 3:21 등). 베드로가 이 서신에서 말하는 모든 것은 삼위 하나님, 곧 성부와 성자와 성령의 영광과 권능이 세세에 무궁하다는 사실을 배경으로 한다. 필시 이러한 사실에 대한 확신이 없으면 베드로가 진술하는 모든 것은 아무런 의미를 가지지 못한다. 하나님께서 가지고 계시는 영원한 영광과 권능으로 우리가 구원을 받고, 살아 있는 소망을 얻으며, 장차 하늘의 유업을 기대할 수 있는 것이다.

| 설교자를 위한 지침 |

1. 이 단락의 요지는 분명하고 단순하다. 그리스도의 고난은 그리스도인에게 위로를 준다. 그리스도께서 고난 가운데 승리하신 것은 그리스도인이 고난 가운데 승리하는 것의 모범이 되며, 나아가서 그리스도인의 승리와 영원한 삶의 보증이 된다. 그러므로 이제 그리스도인은 사람의 정욕을 따르지 말고 하나님의 뜻을 따라 살아야 한다. 그리스도인은 죄를 피하기 위해서 고난을 기꺼이 받아야 하며, 더욱 적극적으로 선한 삶을 살아야 한다.

2. 설교자는 이 단락에 나오는 종말론적 교의에 관하여 정확한 이해를 해야 한다. 성경에서 종말이란 예수님의 재림으로 완성되는 세상의 마지막을 의미하는 동시에, 예수님의 초림으로 시작된 구속사적 사건과 적용을 포함한다. 따라서 종말을 반드시 시간적으로만 이해할 것이 아니다. 설교자는 그리스도의 구속사역 자체를 종말론적 사건으로 이해해야 하며, 그리스도를 통해서 구원 받은 신자들의 삶이 종말론적임을 말해야 한다.

3. 이 단락에는 은사에 대한 언급이 있다. 교인 중에서 은사를 잘못 이해하는 이들이 제법 많다. 은사를 인간적으로 이해하고 잘못 행함으로 오히려 문제를 일으키는 경우가 발생한다. 이에 설교자는 은사의 의미, 종류, 목적, 사용방법 등을 잘 설명함으로 은사가 교회를 바로 세우는 훌륭한 도구가 되게 해야 한다. 설교자는 은사를 오해하고 과시하고 남용하여 교회가 깨어지고 교인간에 갈등이 생기지 않도록 권면해야 한다.

3. 고난을 즐거워하라(4:12-19)

4:12 사랑하는 자들아 너희를 연단하려고 오는 불 시험을 이상한 일 당하는 것 같이 이상히 여기지 말고

4:13 오히려 너희가 그리스도의 고난에 참여하는 것으로 즐거워하라 이는 그의 영광을 나타내실 때에 너희로 즐거워하고 기뻐하게 하려 함이라

4:14 너희가 그리스도의 이름으로 치욕을 당하면 복 있는 자로다 영광의 영 곧 하나님의 영이 너희 위에 계심이라

4:15 너희 중에 누구든지 살인이나 도둑질이나 악행이나 남의 일을 간섭하는 자로 고난을 받지 말려니와

4:16 만일 그리스도인으로 고난을 받으면 부끄러워하지 말고 도리어 그 이름으로 하나님께 영광을 돌리라

4:17 하나님의 집에서 심판을 시작할 때가 되었나니 만일 우리에게 먼저 하면 하나님의 복음을 순종하지 아니하는 자들의 그 마지막은 어떠하며

4:18 또 의인이 겨우 구원을 받으면 경건하지 아니한 자와 죄인은 어디에 서리요

4:19 그러므로 하나님의 뜻대로 고난을 받는 자들은 또한 선을 행하는 가운데에 그 영혼을 미쁘신 창조주께 의탁할지어다

〈본문의 위치와 구조〉

베드로는 구원 받은 자의 정체성에 대해서 말하고(단원 II, 1:3-2:10), 구원 받은 자가 어떻게 살아야 하는지를 말한 후(단원 III, 2:11-3:12), 이 단원에서는 그리스도인이 고난을 참고 견디는 문제를 말하고 있다(단원 IV, 3:13-4:19). 이제 단원을 마무리하는 4:12-19에서 베드로는 고난에 대하여 적극적인 자세를 취하라고 권면한다. 그는 신자들에게 고난당하는 것을 이상한 일 당하는 것으로 여기지 말고, 오히려 고난에 참여하는 것으로 즐거워하고 기뻐하라고 당부한다. 그런 후에 그는 신자들을 박해한 악인들이 하나님의 심

판을 받을 것이라고 경고한다.

    4:12-16   고난의 유익
    4:17-19   하나님의 심판

〈본문주해〉

고난의 유익(4:12-16)

12절 _ "사랑하는 자들아"(ἀγαπητοί)라는 부름말은 2:11에 있는 "사랑하는 자들아"를 떠올린다. 이 용어는 신약성경에서 빈번하게 등장하는데(참고. 롬 2:19; 고전 10:14; 고후 6:7; 빌 2:12; 히 6:9; 약 1:16; 벧후 3:14; 요일 3:2; 유 20), 이 문맥에서는 그리스도인의 공동체인 교회를 향하면서, 그리스도인들이 교회 안에서 서로 사랑하라는 권면을 염두에 두고서 사용되었다.[145] 어떤 주석가들은 베드로전서에서 이 호칭을 새로운 단원이 시작되는 표지로 보는데, 베드로전서의 주제 전개를 고려할 때 그러한 주장을 지지할 만한 증거는 충분하지 않다.[146] 이 단락에서 베드로는 그리스도인이 고난을 당할 때 더욱 적극적인 자세로 대처하라고 말한다.

베드로는 "너희를 연단하려고 오는 불 시험을 이상한 일 당하는 것 같이

---

145) Donald P. Senior, 127.

146) 이에 대해서 2:11의 본문주해를 참고하라. 이 서신에서 "사랑하는 자들아"라는 호칭은 큰 단원 구분을 위한 표지가 되지 않는다. 비록 이 칭호가 있는 지점에 작은 단락의 구분이 있기는 하지만, 이는 전적으로 이 칭호 때문이라기보다 이 칭호와 더불어 발생한 주제의 변화 때문이다. 만약 베드로가 이 칭호를 단락 구분의 표지로 사용하고자 했다면, 이 서신에서 이 칭호가 더욱 많이 있어야 할 것이다.

이상히 여기지 말고"라고 권면한다. "너희를 연단하려고 오는 불 시험"이라는 표현은 "불 시험"의 목적이 연단임을 분명히 해 준다. "불 시험"(πυρώσει : fiery ordeal)이란 단어는 큰 고통을 상상하게 한다.[147] 이 단어는 사람의 몸이 불로 타는 것 같이 고통스러운 모습을 연상시킨다. 그리고 "이상한 일 당하는 것 같이 이상히 여기지 말고"라는 말은 그리스도인이 고난을 당하는 일이 당연하다는 것을 전제로 한다. 이 구절은 1:6-7에 연결된다(참고. 시 65:10). 베드로는 1:6에서 "너희가 이제 여러 가지 시험으로 말미암아 잠깐 근심하게 되지 않을 수 없으나"라고 말했다. 그리고 1:7에서 "너희 믿음의 확실함은 불로 연단하여도 없어질 금보다 더 귀하여"라고 했다.

고난은 그리스도인에게 반드시 닥치는 숙명과도 같은 것이다. 세상은 그리스도를 미워하며, 그분을 따르는 그리스도인을 싫어하여 고난을 준다. 따라서 그리스도인은 고난당하는 것을 이상하게 여기지 말아야 한다. 참으로, 고난은 그리스도인들이 당연히 겪는 것인데, 신약성경은 그리스도인들이 생애 가운데 고난을 겪는 것을 많이 언급한다(참고. 1:6-7; 2:19-24; 3:13-22; 마 10:24-25; 눅 6:40; 요 13:16; 15:18-21; 16:1-4, 33; 살전 3:3; 딤후 3:12; 요일 3:13).[148] 하지만 하나님의 관점에서 볼 때, 하나님은 신자에게 어려운 시험을 주심으로 신자의 믿음을 정화하시고 강화하신다. 그러므로 고난은 당연하면서도 유익하다.

요약하자면, 시험은 하나님이 신자의 믿음을 테스트하시고 강화하시려는 목적으로 주시는 경우도 있고(참고. 1:6-7), 마귀가 신자에게 고통을 가져

---

147) 이 표현이 구약과 신약 및 신구약 중간기에 어떻게 사용되었는지 알기 위해서, Peter H. Davids, 164-65를 보라. 한편, 어떤 이들은 여기에 언급된 불 시험이 주후 64년에 일어났던 로마의 대화재를 가리키는 것이라고 하지만 이는 염두에 둔 것이라고 하지만 이러한 주장은 설득력을 가지지 못한다.

148) Donald P. Senior, 128.

다주거나 유혹하려는 목적으로 주는 경우도 있다(참고. 약 1:12-14).[149] 하지만 대부분의 경우 시험은 두 가지 목적과 성격을 동시에 가진다. 그래서 지금 당하는 시험이 어떤 목적과 성격을 가진 것인지 판별하기가 쉽지 않다. 분명한 것은 자신이 저지른 죄 때문에 고통을 당하는 것과 선을 행하는 가운데 당하는 고난은 구분되어야 한다는 사실이다. 어쨌든 신자들은 시험 당하는 것을 정상적인 과정이라고 생각하고 이상하게 여기지 말아야 한다.

13절 _ 베드로는 "오히려 너희가 그리스도의 고난에 참여하는 것으로 즐거워하라"라고 말한다. 이 말은 신자가 고난을 당하는 것이 여러 가지 측면에서 유익하기 때문에 즐거워하라는 뜻이다. "그리스도의 고난에 참여하는 것"은 그리스도께서 의를 위하여 고난을 받으신 것처럼 그리스도인이 의를 위하여 고난을 받는 것을 반영한다(참고. 갈 6:17; 빌 1:29; 골 1:24). 따라서 이것은 자기의 잘못 때문에 어려움을 당하는 것을 배제한다(참고. 2:20). 그리스도의 복음과 행적을 따라가려면 필연적으로 고난을 당할 수밖에 없다. 필시 고난을 받는 것은 그리스도의 제자라는 표식이 된다. 그러므로 고난을 받는 이들은 즐거워해야 한다(참고. 1:6).

베드로는 이어서 신자들이 즐거워해야 할 이유를 종말론적인 관점에서 설명한다. "이는 그의 영광을 나타내실 때에 너희로 즐거워하고 기뻐하게 하려 함이라." 이 문구에서 "그의 영광을 나타내실 때에"란 주 예수님이 재림하실 때를 가리킨다(참고. 마 25:31; 눅 17:30). 이것은 1:7에서 "예수 그리스도께서 나타나실 때에"로 표현되었다. "너희로 즐거워하고 기뻐하게 하려 함이라"는 말도 1:7에서 "칭찬과 영광과 존귀를 얻게 할 것이니라"라는 말로 표현되었다. 이 세상에서 나그네처럼 살아가는 신자들의 삶에는 고

---

149) J. N. D. Kelly, 184.

통과 슬픔과 낙심이 가득하다. 하지만 언젠가 그리스도께서 재림하실 때 그리스도께서는 신자들의 눈물을 닦아주시고 슬픔을 제거해 주실 것이다. 그리하여 신자들은 하늘나라에서 온전하고 순전한 기쁨을 누릴 수 있을 것이다. 그렇기에 어떤 면에서 고난이 크면 기쁨도 커진다. 고난을 많이 겪은 이들은 주님이 오셔서 위로해 주시고 칭찬해 주시는 것이 더욱 크게 느껴질 것이다.

14절 _ 베드로는 지금까지 한 말을 정리하면서 "너희가 그리스도의 이름으로 치욕을 당하면 복 있는 자로다"라고 말한다. 이 말은 마태복음 5:11-12에서 예수님이 "나로 말미암아 너희를 욕하고 박해하고 거짓으로 너희를 거슬러 모든 악한 말을 할 때에는 너희에게 복이 있나니 기뻐하고 즐거워하라 하늘에서 너희의 상이 큼이라 너희 전에 있던 선지자들도 이같이 박해하였느니라"라고 말씀하신 것을 기초로 한다(참고. 눅 6:22).[150] "너희가 그리스도의 이름으로 치욕을 당하면"이라는 말은 앞에서 말한 "불 시험"과 "그리스도의 고난에 참여하는 것"을 가리킨다. 특히 이 표현은 그리스도인이 당하는 고난의 이유를 잘 설명해 주는데, 그들은 그리스도의 복음을 전하거나 그리스도께서 명령하신 대로 살아감으로 세상 사람들의 습성과 문화와 삶의 자세를 거부했기에 불공평하거나 부당한 대우를 받았으며 조롱과 핍박과 멸시를 받았다. 특히 당시에 '명예와 수치'라는 개념은 대단히 중요했기에 어떤 사람이 치욕을 당하는 것은 돌이킬 수 없는 손상과 부끄러움을 주었다.[151] 더군다나 자신의 잘못 때문이 아니라 그

---

150) Peter H. Davids, 167.

151) 주후 1세기 지중해 연안 국가에서 중요하게 취급된 사회-문화적인 가치를 위해서 다음의 책을 보라. Bruce J. Malina, *The New Testament World: Insight from Cultural Anthropology*, rev ed, Louisville: Westminster/John Knox Press, 1993. 또한 베드로전서의 명예와 수치에 관한 논의를 연구하려면 다음의 책을 참고하라. Barth L. Campbell, *Honor, Shame, and the Rhetoric of 1 Peter*, SBLDS 160, Atlanta: Scholars, 1998.

리스도의 복음 때문에 치욕을 당하는 것은 믿음이 대단한 사람만이 감당할 수 있었다.

"복 있는 자로다"라는 말은 세상에서 어떤 가시적인 복을 받는 것이라기보다는 그것을 포함하여 하나님께서 그들을 치유하시고 위로하시고 은혜 주시는 것을 시사한다. 그들에게 복이 있다는 사실은 이어지는 문구에서 상세히 설명된다. 베드로는 접속사 '호티'(ὅτι)를 넣은 후 이어서 "영광의 영 곧 하나님의 영이 너희 위에 계심이라"는 문구를 넣어 복 있는 이유가 무엇인지를 설명한다.[152] "하나님의 영"을 "영광의 영"으로 표현한 것은 하나님의 영이 그 자체로 영광의 영이심을 보여주며, 신자들이 고난을 참고 승리했을 때 칭찬과 영광과 존귀를 얻게 하시는 근거를 제시해 준다(참고. 1:7). "너희 위에 계심이라"는 문구는 이사야 11:2를 간접적으로 인용한 것이다. 이 문구는 하나님의 영이 신자들 안에 계시며, 신자들과 함께 계시며, 신자들을 지키시고, 신자들에게 복 주신다는 뜻이다.

15절 _ 이 구절에서 베드로는 고난을 받는 모든 신자가 복이 있다고 생각해서는 안 된다는 점을 주지시킨다.[153] 즉 그는 신자들이 그리스도의 이름으로 인해 고난을 받으면 복이 있지만, 자신의 죄 때문에 고난을 받는 것은 바람직하지 않다는 사실을 가르친다. 실제로 그리스도인들 가운데 자신의 잘못 때문에 어려움을 당해 놓고서는 하나님께 나아와서 신원을 하는 경우가 있다. 이런 경우에는 철저히 회개하고 돌이키려 해야 하는 것이지, 복을 기대하려고 하지 말아야 한다. 하나님은 그리스도 때문에 고난을 당하는 의로운 사람을 눈여겨 보신다.

---

152) 한글성경 개역개정판에는 이 단어가 번역되어 있지 않으나, 대부분의 영어성경에는 'because'로 번역되어 있다.

153) 오광만, 256.

여기에 제시된 "살인이나 도둑질이나 악행이나 남의 일을 간섭하는" 것은 인간이 저지르는 대표적인 죄악이다.[154] 특히 "남의 일을 간섭하는 자"라는 표현은 남의 일에 지나치게 끼어들어 불쾌감을 조성하는 일체의 행동을 하는 자를 뜻한다. 또한, 이것은 다른 사람이 가진 것을 가로채려 하는 탐욕스러운 자를 가리키는 표현일 수 있다. 혹은 이것은 자신의 부르심의 경계를 넘어 다른 사람의 부르심의 영역 안으로 들어가서 그들의 일에 관여하고 참견하며 그들의 일을 판단하고 비방하는 자를 가리킬 수도 있다.[155] 그리스도인은 자신의 삶에 충실해야 하고 다른 사람에게 해를 끼치지 않도록 특히 주의해야 한다.

16절 _ 그렇지만 베드로는 "만일 그리스도인으로 고난을 받으면", 즉 신자 자신의 죄가 아닌 그리스도 때문에 고난을 당하면 부끄러워하지 말아야 한다고 말한다. "그리스도인"이라는 호칭은 '그리스도를 따르는 이들'에게 붙여진 것인데, 신약성경 전체에서 사도행전 11:26과 26:28과 이곳에만 나온다. 이 호칭은 비그리스도인들에 의해서 붙여진 것으로, 그들은 조롱과 대적과 경멸의 의미를 가지고 이 호칭을 사용했지만, 이후 그리스도인들은 이 호칭을 자랑스럽고 영예롭게 여겼다. 따라서 이 문구는 신자가 세상 사람들로부터 비방과 욕을 먹되, 그 죄목이 그리스도의 복음을 전하고 복음의 진리에 부합한 삶을 사는 일 때문이라면 그것은 이상한 것이 아니라는 뜻이다. 오히려 이런 상태에 있다는 것은 그가 그리스도를 제대로 따르는 사람이라는 증거가 된다.

베드로는 만일 그리스도인이 자신의 잘못 때문이 아닌 그리스도를 믿고 따르는 일로 고난을 받을 때 두 가지 자세를 보이라고 말한다. 첫 번째는

---

154) 이 죄들의 구체적인 의미에 대한 논의를 위하여 J. Ramsey Michaels, 530-33을 보라.

155) Matthew Poole, 138.

"부끄러워하지 말라"는 것이다. 이것은 소극적인 자세이다. 그리스도인이
이런 상황에서 부끄러워하지 말아야 하는 이유는 그가 죄를 지은 것이 아
니기 때문이다. 오히려 그는 의를 행했기에 부끄러워하기보다는 자랑스러
워해야 한다. 두 번째는 "도리어 그 이름으로 하나님께 영광을 돌리라"는
것이다. 이것은 적극적인 자세이다. "그 이름"이 가리키는 것은 '그리스도
인'이다. 즉 그리스도인은 자신의 호칭에 자부심을 가져야 한다. 나아가서
"그 이름"은 14절의 "그리스도의 이름"을 떠올린다. 즉 그리스도인은 그리
스도의 이름으로 고난 받는 것을 복된 것으로 여기고 즐거워해야 한다.

하나님의 심판(4:17-19)

17절 _ 신자가 그리스도로 인하여 고난을 받는 것은 즐거워해야 할 일
이지만, 그런데도 고난이라는 것은 힘들고 고통스럽다. 더욱이 신자들은
고난을 참고 견디지만, 도대체 언제까지 참아야 하는지에 대해서, 하나님
은 이런 가운데 무슨 계획을 가지고 계시는지에 대해서, 그리고 하나님은
도대체 왜 신자를 고통스럽게 하는 자들을 그냥 내버려 두시는지에 대해
서 궁금했을 것이다. 이에 베드로는 고난을 당하는 신자를 위로하고, 신자
에게 고난을 주는 자들에 대해서 하나님이 어떤 계획을 가지고 계시는지
를 밝힌다. 그리하여 베드로는 신자가 고난을 참고 견디는 일에 대한 의구
심을 해소해 주며, 그가 신실하게 살도록 동기를 유발한다.

베드로는 "하나님의 집에서 심판을 시작할 때가 되었나니"라고 말한다.
"하나님의 집"(ἀπὸ τοῦ οἴκου τοῦ θεοῦ)은 구약시대에 '성전'을 의미하지
만, 신약시대에 '그리스도인의 공동체', 곧 '교회'를 가리킨다(참고. 2:4-10;
딤전 3:15; 히 3:6).[156] "심판"은 베드로전서에 여러 번 나오는데(참고. 1:17; 2:23;

---

156) 이에 대한 보다 자세한 논의를 위하여, J. Ramsey Michaels, 537-40을 보라.

4:5-6), 여기에 다시 나오면서 그 의미가 구체화된다.[157] 하나님의 심판이 하나님의 백성과 더불어 시작되었다는 사상은 구약에 이미 언급되어 있다. 예를 들어, 아모스 3:2에는 "내가 땅의 모든 족속 가운데 너희만을 알았나니 그러므로 내가 너희 모든 죄악을 너희에게 보응하리라 하셨나니"라는 기록이 있다. 심판은 하나님의 백성으로 시작되어 신실한 자들의 구원과 신실하지 못한 자들의 책망으로 귀결될 것이다.[158]

그렇다면 하나님의 심판이란 무엇을 의미하는가? 하나님의 심판은 세상 마지막에 최종적으로 있을 것이지만, 지금 이 세상에서 계속하여 수행된다. 또한 심판에는 여러 가지 의미와 목적이 담겨 있다. 이 문맥에서 하나님의 심판은 하나님께서 불신자들을 지옥에 보내시는 것을 뜻하는 것이 아니라, 그리스도인들을 정화하시고 연단하시기 위해 허락하시는 어려움을 가리킨다. 그리스도인들을 향한 심판이라는 것은 그리스도인들로 하여금 하나님의 말씀에 순종하고 죄를 피해야 한다는 동기를 부여한다. 즉 그리스도인들은 하나님을 두려워함으로 그분의 뜻에 따르려고 노력하게 된다. 따라서 하나님의 심판에 관한 경고는 유익하다.

"시작할 때가 되었나니"라는 말은 하나님께서 허락하신 고난이 하나님이 정하신 때에 임한다는 사실을 반영한다. 결코, 우발적이거나 우연히 발생하는 고난은 없다. 그러므로 신자들은 고난이 하나님의 섭리와 계획에 따라 진행되는 것임을 알고 고난이 닥쳤을 때 좌절하거나 낙심하지 말아야 한다. 신자들은 하나님께서 신자들에게 고난을 주심으로 신자들을 유

---

157) 신약성경은 심판에 대하여 많이 말한다(참고. 마 8:29; 13:30; 16:3; 막 1:15; 13:33; 눅 18:30; 19:44; 21:8; 요 7:6, 8; 롬 13:11; 고전 4:5; 7:29; 고후 6:2; 갈 6:9; 엡 1:10; 살전 5:1; 살후 2:6).

158) 아울러, 렘 7-9장; 25:17-26; 겔 9:5-6; 습 1:4-2:15를 보라. Scot McKnight, 271.

익하게 하신다는 사실을 명심해야 한다. 그런데 이 표현은 종말론적인 함의를 가진다. 그리스도인들이 겪고 있는 박해는 하나님께서 마지막 날을 앞두고 그분의 백성들이 구원에 이르도록 준비하시며 정화하시는 행위인데, 이로써 하나님께서는 그들이 심판을 감당할 수 있게 하시는 것이다. 그래서 바울은 다음과 같이 말한다. "우리가 판단을 받는 것은 주께 징계를 받는 것이니 이는 우리로 세상과 함께 정죄함을 받지 않게 하려 하심이라"(고전 11:32).[159]

"만일 우리에게 먼저 하면 하나님의 복음을 순종하지 아니하는 자들의 그 마지막은 어떠하며"라는 말은 만일 하나님이 사랑하시는 자녀들에게 이런 고난을 허락하신다면 장차 불신자들이 받을 고통은 얼마나 크고 무섭겠느냐는 뜻이다. 하나님의 복음을 순종하지 않는 자, 곧 하나님의 복음을 믿지 않는 자의 마지막은 심히 고통스럽고 끔찍할 것이다(참고. 2:7-8). 그러므로 신자들은 불신자들이 형통하게 사는 것을 부러워하지 말 것이며(참고. 잠 24:1 "너는 악인의 형통함을 부러워하지 말며 그와 함께 있으려고 하지도 말지어다"), 오히려 그들이 신자들을 고통스럽게 하는 일을 보면서 측은하게 여겨야 할 것이다.

18절 _ 이 구절은 잠언 11:31(LXX)을 인용한 것으로, 17절 하반절의 내용을 되풀이한 것이다. 즉 "만일 우리에게 먼저 하면 하나님의 복음을 순종하지 아니하는 자들의 그 마지막은 어떠하며"와 "또 의인이 겨우 구원을 받으면 경건하지 아니한 자와 죄인은 어디에 서리요"는 같은 말의 반복이다. 앞 절에서 "우리"와 "하나님의 복음을 순종하지 아니하는 자들"이 대조되었는데, 여기서는 "의인"과 "경건하지 아니한 자와 죄인"이 대조된다. "어디에 서리요"는 하나님의 심판을 견딜 수 있는 자가 없다는 뜻이

---

159) Scot McKnight, 271-72.

다. 이것은 시편 1:5의 "악인들은 심판을 견디지 못하며"라는 말씀을 생각
나게 한다.

19절 _ 이제 베드로는 지금까지 했던 말의 결론을 내린다. 이는 문장 첫
머리에 있는 "그러므로"(ὥστε καὶ)라는 접속사를 통해서 알 수 있다. 그는
이 구절에서 4:12-19에서 말한 내용을 어떻게 실천할 수 있는지에 대해서
말한다.[160] 이에 대한 베드로의 대답은 단순하고 명확하다. "하나님의 뜻
대로 고난을 받는 자들은 또한 선을 행하는 가운데에 그 영혼을 미쁘신 창
조주께 의탁할지어다." "하나님의 뜻대로 고난을 받는 자들"이란 베드로
가 이 서신에서 줄곧 말한 그리스도인의 고난을 반영한다. 그것은 자신의
욕심이나 잘못으로 인해서 받는 고난이 아니라 그리스도의 복음을 전하기
위해서 그리고 그리스도의 말씀을 순종하다가 받는 고난을 가리킨다. 그
러한 고난은 그리스도가 먼저 받으셨는데, 그리스도는 인간의 구원을 이
루시기 위하여 고난을 받으셨지만, 또한 그리스도인이 고난 받을 때 그의
고난을 보고 용기를 낼 수 있게 하셨다.

"선을 행하는 가운데에"란 고난을 받으면서 결코 악을 행하거나, 고난
을 주는 자들을 미워하거나, 비방하고 욕하는 자들에게 같은 것으로 갚지
말라는 권면을 함의한다. 고난이 너무나 고통스럽고 참기가 쉽지 않다고
하더라도 그럴 때 오히려 그리스도인은 순결함과 거룩함을 유지해야 하
며, 오히려 적극적으로 선을 행해야 한다. 이 서신에서 선을 행하는 것은
자신을 비방하는 사람을 악의적으로 대하지 않으며, 세상의 통치자들을
존중하고, 배우자가 학대하더라도 참고 순종하는 것을 의미한다. 이러한
선행은 예수님이 고난을 당하시는 중에 하신 일인데, 심지어 그분은 자신
을 죽이는 자들의 죄를 용서해 달라고 다음과 같이 하나님께 간구하셨다.

---

160) Peter H. Davids, 173.

"아버지 저들을 사하여 주옵소서 자기들이 하는 것을 알지 못함이니이다"(눅 23:34).

"그 영혼을 미쁘신 창조주께 의탁할지어다"라는 권면에서 "영혼"은 베드로전서에서 줄곧 그러하듯이 '전인'(全人)을 가리킨다. 그리고 이것은 신자의 존재 자체뿐만 아니라 신자의 삶의 모든 영역과 행동양식을 포괄한다. 이 문장에 "미쁘신 창조주"(πιστῷ κτίστη: a faithful creator)란 표현이 사용된 것은 하나님께서 인간을 만드신 창조주이시기 때문에 인간의 필요를 가장 잘 아실 뿐만 아니라, 그분이 약속을 지키시는 신실한 분이시기 때문에 인간을 어려움에서 구해주실 것을 보여준다. 하나님은 고난당하는 자녀들을 결코 내버려 두지 않으신다.

마지막 문구인 "의탁할지어다"(παρατιθέσθωσαν: entrust)라는 말은 문자적으로 '자신의 생명을 다른 사람의 손에 맡기라'는 뜻이다. 이 단어는 예수님께서 십자가 위에서 "아버지 내 영혼을 아버지 손에 부탁하나이다"라고 말씀하신 것을 떠올린다(눅 23:46; 참고. 시 31:5).[161] 또한 바울은 다음과 같이 말한다. "이로 말미암아 내가 또 이 고난을 받되 부끄러워하지 아니함은 내가 믿는 자를 내가 알고 또한 내가 의탁한 것을 그 날까지 그가 능히 지키실 줄을 확신함이라"(딤후 1:12). 따라서 이 단어는 하나님께 대한 전적인 헌신과 의지와 신뢰를 뜻한다.

｜ 설교자를 위한 지침 ｜

1. 이 단락에는 그리스도인이 고난을 당하는 문제가 언급되어 있다. 설

---

161) Donald P. Senior, 133.

교자는 그리스도인이 이 세상에 살면서 고난을 당하는 이유를 말할 필요가 있는데, 복음을 전하는 일로 당하는 고난, 그리스도인이라는 이유 자체로 당하는 고난, 죄를 지어서 당하는 고난(징계), 마귀에게서 당하는 유혹, 이유를 알 수 없는 고난 등에 대해서 말할 수 있다. 따라서 고난에 대한 성경 구절은 물론이거니와 이에 관한 훌륭한 신앙서적을 읽고 설교문을 작성하면 좋겠다.

2. 이 단락에는 종말의 심판이 나온다. 따라시 설교자는 이 단락을 설교하면서 마지막 심판에 관한 교의를 말할 수 있다. 본문 자체와 더불어 요한계시록 20-22장을 연결하여 하나님께서 세상의 마지막 날에 심판을 수행하시는 것에 대해서 전함으로 교인들이 지식과 깨달음을 얻게 하는 것이 바람직하다. 하나님은 마지막 날에 의인과 악인을 구분하시며, 의인에게 상을 주시고 악인에게 벌을 내리시는데, 신자는 그때를 소망하면서 이 세상을 신실하게 살아야 한다.

3. 설교자는 이 단락을 통하여 선교에 대해서 말할 수 있다. 지구상에는 아직 복음을 듣지 못한 사람들이 많고, 복음을 전하는 것이 금지된 곳이 많다. 따라서 그들이 세상을 떠나기 전에 속히 복음을 전하여 그들을 구원하는 것이 우리에게 주어진 거대한 사명이다. 이에 설교자는 우리만 주님을 믿고 구원받을 것이 아니라 전 세계 곳곳에 선교사로 나가거나, 선교사를 보내어서 복음을 전하도록 독려해야 한다. 그리고 이때 당하는 고난을 감내하도록 격려해야 한다.

단원 V _ 그리스도인의 교회생활
(5:1-11)

5:1 **너희** 중 장로들에게 권하노니 나는 함께 장로 된 자요 그리스도의 고난의 증인이요 나타날 영광에 참여할 자니라

5:2 **너희** 중에 있는 하나님의 양 무리를 치되 억지로 하지 말고 하나님의 뜻을 따라 자원함으로 하며 더러운 이득을 위하여 하지 말고 기꺼이 하며

5:3 맡은 자들에게 주장하는 자세를 하지 말고 양 무리의 본이 되라

5:4 그리하면 목자장이 나타나실 때에 시들지 아니하는 영광의 관을 얻으리라

5:5 젊은 자들아 이와 같이 장로들에게 순종하고 다 서로 겸손으로 허리를 동이라 하나님은 교만한 자를 대적하시되 겸손한 자들에게는 은혜를 주시느니라

5:6 그러므로 하나님의 능하신 손 아래에서 겸손하라 때가 되면 너희를 높이시리라

5:7 **너희** 염려를 다 주께 맡기라 이는 그가 너희를 돌보심이라

5:8 근신하라 깨어라 너희 대적 마귀가 우는 사자 같이 두루 다니며 삼킬 자를 찾나니

5:9 **너희**는 믿음을 굳건하게 하여 그를 대적하라 이는 세상에 있는 너희 형제들도 동일한 고난을 당하는 줄을 앎이라

5:10 모든 은혜의 하나님 곧 그리스도 안에서 너희를 부르사 자기의 영원한 영광에 들어가게 하신 이가 잠깐 고난을 당한 너희를 친히 온전하게 하시며 굳건하게 하시며 강하게 하시며 터를 견고하게 하시리라

5:11 **권능이** 세세무궁하도록 그에게 있을지어다 아멘

1. 교인들에게 주는 권면(5:1-5)

5:1 너희 중 장로들에게 권하노니 나는 함께 장로 된 자요 그리스도의 고난의 증인이요 나타날 영광에 참여할 자니라

5:2 너희 중에 있는 하나님의 양 무리를 치되 억지로 하지 말고 하나님의 뜻을 따라 자원함으로 하며 더러운 이득을 위하여 하지 말고 기꺼이 하며

5:3 맡은 자들에게 주장하는 자세를 하지 말고 양 무리의 본이 되라

5:4 그리하면 목자장이 나타나실 때에 시들지 아니하는 영광의 관을 얻으리라

5:5 젊은 자들아 이와 같이 장로들에게 순종하고 다 서로 겸손으로 허리를 동이라 하나님은 교만한 자를 대적하시되 겸손한 자들에게는 은혜를 주시느니라

〈본문의 위치와 구조〉

본론의 마지막 부분(단원 V, 5:1-11)은 교회생활에 관한 권면으로 채워져 있다. 베드로는 이 서신에서 교회에 대하여 종종 말했다. 그는 2:4-10에서 교회의 기초와 의미에 대해서 말했고, 4:7-11에서 교회 안에서의 생활에 대해서 말했다. 그런데 그는 여기서 다시 교회에 대해서 말한다. 이렇게 베드로가 교회 밖과 안을 이동하는 것은 이 서신에서 쉽게 발견되는 패턴이다(참고. 4:1-6 → 4:7-11). 베드로는 교회가 박해를 받는 상황에서 교회 자체를 견실하게 세우고 유지해야 한다는 필요성을 느끼고 있다. 더욱이 하나님의 집에서부터 심판이 시작된다는 사상(4:17)은 그를 자극하여 교회의 지도자들로부터 시작하여 교회 내부의 관계 문제에 있어서 하나님 앞에서 바르고 깨끗한 마음을 가져야 할 필요성을 강조하게 했다.[162]

---

162) Wayne A. Grudem, 283.

〈본문주해〉

장로들에게 주는 권면(5:1-4)

1절 _ 먼저, 베드로는 "장로들"에게 권면한다.[163] '장로'(πρεσβύτερος)라는 명칭에 대하여 두 가지 해석이 있다. 우선, 장로를 문자 그대로 이해하여 '나이 든 사람'(elder)이라고 보는 견해가 있다. 이는 밑에(5-6절) 나오는 '젊은 자'와 대조를 이루어서 그럴 듯해 보인다. 하지만 장로를 단순히 나이 든 사람이라고만 보는 것은 문맥의 지지를 받지 못한다. 왜냐하면, 1절에서 베드로는 자신을 "함께 장로된 자"라고 소개하며, 2-3절에서 장로가 교회 공동체를 돌보는 것에 대해서 말하기 때문에 장로를 단지 나이 든 사람이라고 보는 것은 타당하지 않아 보인다. 따라서 어떤 이들은 장로를 나이가 아니라 '직분'으로 이해하여 '교회 지도자'를 가리킨다고 본다.[164]

그렇다면 어느 견해가 타당한가? 당시에는 교회 체계가 아직 발달하지 않았기 때문에 직분에 대한 명확한 개념과 기준이 마련되지 않았을 것이다. 따라서 당시의 교회 지도자는 대체로 나이가 든 사람이었을 것이다. 이는 당시 사람들이 나이를 중요하게 여겼기 때문이다.[165] 물론 당시에도

---

163) 여기서 베드로가 장로들에게 권면한 것은 바울이 에베소 장로들에게 권면한 것과 유사하다(참고. 행 20:18-35).

164) 참고. Donald P. Senior, 120.

165) 당시에 사람을 나이 든 사람과 젊은 사람으로 나눈 것은, 사람을 남자와 여자로 나눈 것처럼 당연한 일이었다. 이에 대하여, J. N. D. Kelly, 205를 보라.

단순히 나이가 많은 사람이 교회 지도자였다는 뜻은 아니다. 단지 교회에서 나이가 든 사람들 가운데 지도자를 세웠거나, 나이가 든 사람들 가운데 직분자를 선출하여 교인들을 양육하게 했을 것이다. 그리하여 장로라는 명칭이 직분자의 의미를 담게 되었을 것이다.[166] 이후에 시간이 지나면서 이 용어는 점차 지도자를 가리키는 표준적인 용어가 되었을 것이다.[167]

베드로는 자신을 소개하기를 "나는 함께 장로 된 자요 그리스도의 고난의 증인이요 나타날 영광에 참여할 자니라"라고 한다. 베드로가 사도임에도 불구하고 자신을 "함께 장로된 자"(συμπρεσβύτερος : a fellow elder)라고 소개한 것은 사도가 장로, 곧 지도자였기 때문이다. 그러나 사도는 장로이지만 장로가 사도인 것은 아니었다. 사도는 예수님을 따랐던 열두 제자와 바울 정도로 특정된다. 장로는 각 지역 교회의 지도자로 세움을 받았는데 그들은 목자와 감독자의 일을 했다. 당시에 사도들이 모든 교회를 돌아볼 수 없었기에 장로의 역할은 대단히 컸다.

또한, 베드로가 자신을 "그리스도의 고난의 증인"이라고 소개한 것은 자신이 그리스도의 고난을 직접 목격한 사람임을 드러내는 것이다. 베드로는 그리스도와 함께 지내면서 그리스도께서 고난당하신 모습을 직접 보았다(참고. 눅 24:48; 행 1:22; 2:32). 그리하여 그는 이 서신에서 그리스도께서 당하신 고난의 의미를 명확하게 말할 수 있었다. 나아가서 베드로의 자기소개는 서신의 수신자들이 지금 고난을 받는 형편을 충분히 이해한다는 의도를 내포한 것이다. 그래서 그는 서신의 수신자들에게 그리스도께서 고난을 당하시되 참으신 것을 그리스도인들이 고난을 당할 때 참아야 하는 모범으로 제시할 수 있었다.

---

166) 장로를 교회 지도자로 지칭한 신약성경 구절은 다음과 같다. 행 11:30; 14:23; 15:2-6, 22-23; 16:4; 20:17; 21:18; 딤전 5:17, 19; 딛 1:5; 약 5:14. Donald P. Senior, 137,

167) J. Ramsey Michaels, 551.

그리고 베드로가 자신을 "나타날 영광에 참여할 자"라고 말한 것은 이 서신에서 줄곧 나오는 주제를 반영한 것이다. 곧 그리스도께서 다시 오실 때 일어날 일을 시사하는 것이다(참고. 1:6-7, 21; 4:7, 13; 5:4, 10). 그는 4:12-13에서 다음과 같이 말했다. "사랑하는 자들아 너희를 연단하려고 오는 불 시험을 이상한 일 당하는 것 같이 이상히 여기지 말고 오히려 너희가 그리스도의 고난에 참여하는 것으로 즐거워하라 이는 그의 영광을 나타내실 때에 너희로 즐거워하고 기뻐하게 하려 함이라." 베드로는 이러한 말을 수신자들에게만 적용하지 않고, 자신에게도 적용하여 그들과 자신이 같은 입장에 있으며 같은 경험을 할 것을 시사한다.

2절 _ 베드로는 장로의 역할을 "하나님의 양 무리"를 치는 것이라고 규정한다. 목자와 양에 관한 언급이 성경에 많이 있으며, 목자와 양을 하나님(예수님)과 우리의 관계를 비유하는 것으로, 혹은 지도자와 교인을 비유하는 것으로 언급한 부분이 성경에 많이 나온다(참고. 시 23; 사 40:11; 렘 23:1-4; 겔 34:1-31; 마 18:10-14; 요 10:1-18; 21:15-17; 히 13:20). 그런데 "너희 중에 있는 하나님의 양 무리"라는 말은 양 무리가 장로의 것이 아니라 장로에게 맡겨진 것임을 암시한다. 양 무리는 하나님의 소유이며 장로는 하나님의 소유를 맡은 자이다. 따라서 장로는 하나님 앞에서 책임감을 느끼고 성심성의껏 하나님의 양 무리를 쳐야 한다.

여기서 양 무리를 친다는 말은 양 무리에게 음식을 먹이고(말씀을 가르치고) 양 무리를 악한 짐승에게서 보호하는(마귀나 이단으로부터 지킴) 일을 의미한다(참고. 요 21:15-17; 행 20:28). 특히 성경은 장로, 곧 감독이 말씀을 잘 가르칠 수 있는 자여야 한다는 사실을 명시하고 있다(참고. 딤전 3:2; 딛 1:9). 장로는 말씀을 잘 가르쳐야 하고 바르게 가르쳐야 하는데, 이를 위해서 장로 자신이 말씀을 정확하게 그리고 부지런히 배워야 한다. 한편, 이러한 가르침의 특성이 집사에게는 요구되지 않는다. 이는 집사가 구제에 전념하는 자이기 때문이다.

그런데 베드로는 양 무리를 치되 "억지로 하지 말고 하나님의 뜻을 따라 자원함으로 하며"라고 말한다. 이것은 장로의 일을 하면서 돈을 목적으로 하거나, 마지못해 하거나, 강요 때문에 하는 것을 경계한다. 당시에 일부 지도자들은 게으르고 나태했으며 양 무리에게 큰 관심을 가지지 않은 것으로 보인다. 이어서 "더러운 이득을 위하여 하지 말고 기꺼이 하며"라는 말이 나오는데, 이것 역시 양 무리를 침으로써 이득을 얻겠다는 생각을 버리라는 뜻이다(참고. 딛 1:7; 딤전 3:3, 8). 거짓 선생들은 양 무리를 치면서 그들의 재산을 갈취하고 자신의 욕심을 충족시켰다(참고. 벧후 2:1-3). 하지만 하나님의 장로는 달라야 한다. 오히려 장로는 양 무리를 사랑하는 마음으로 양들을 위해 기꺼이 헌신해야 한다. 물론, 성경은 교회가 말씀을 가르치는 이에게 생활비를 드려야 한다고 말한다(참고. 고전 9:7-14; 딤전 5:17-18). 하지만 이것은 교인이 감당해야 할 의무일 뿐이지, 장로가 스스로 자기 몫을 챙기라는 뜻이 아니다.

3절 _ 베드로는 장로들을 향하여 "맡은 자들"(τῶν κλήρων : those allotted to you)이라고 표현한다. 이것은 하나님께서 양 무리를 장로들에게 맡기셨다는 뜻이다. 즉 양 무리가 장로의 책임으로 있다는 의미이다. 따라서 이것은 앞에서 말했듯이 양 무리가 장로의 소유가 아니라는 사실을 분명히 가르쳐 준다. 양 무리는 하나님의 소유이며, 장로는 하나님의 소유인 양 무리를 돌보는 일을 하는 자이다. 하나님의 양 무리는 하나님께 너무나 소중하다. 하나님은 그분의 자녀들을 사랑하시며 그들이 이 땅에서 승리하면서 살기를 원하신다. 따라서 이러한 무리를 돌보고 가르치는 장로의 사명은 막중하다.

베드로는 장로들에게 권면하기를 양 무리를 향하여 "주장하는 자세를 하지 말고 양 무리의 본이 되라"고 말한다. 장로는 세상의 통치자와 다르다. 세상의 통치자는 백성들을 향하여 주장하는 자세를 가지는 경우가 많지만, 장로는 결코 그러한 자세를 가지지 말아야 한다. 이는 양 무리가 장로의 소유가 아니라 하나님의 소유이며, 따라서 대단히 귀중한 존재들이기 때문이다. 바울 역시 베드로와 비슷한 권면을 했는데, 자신이 어떤 자세로 일하는지를 말하면서 다음과 같이 말했다. "우리가 너희 믿음을 주관하려는 것이 아니요 오직 너희 기쁨을 돕는 자가 되려 함이니 이는 너희가 믿음에 섰음이라"(고후 1:24).

4절 _ 이제 베드로는 장로들이 받을 상을 말한다. 장로들은 결코 일만 하다가 끝나는 존재가 아니다. 하나님께서는 장로들의 수고를 기억하시고 그들에게 상을 내리실 것이다. "그리하면"이라는 접속사는 장로가 양 무리를 잘 돌보고 바르게 가르치는 것을 의미한다. "목자장이 나타나실 때에 시들지 아니하는 영광의 관을 얻으리라"는 말에서 "목자장"(ἀρχιποίμενος: chief shepherd)은 예수님을 의미하며(참고. 요 10장), 그가 "나타나실 때에"란 예수님이 재림하실 때를 뜻한다. 히브리서 13:20에는 "양들의 큰 목자이신 우리 주 예수"라는 표현이 있다. 예수님은 목자의 우두머리이시므로 모든 목자는 예수님께 순종해야 하고 그분의 지시를 따라야 한다. 예수님은 재림하실 때에 모든 장로가 목자의 사명을 잘 감당했는지 판결하실 것이다.

"시들지 아니하는 영광의 관을 얻으리라"는 말은 주님이 주시는 상이 세상이 주는 것과 다르다는 사실을 보여준다. 당시에 전쟁이나 운동 경기에서 승리한 자들에게 주어졌던 꽃으로 만들었던 관은 금방 시들어 버렸다. 하지만 주님이 주시는 영광의 관은 시들지 않고 영원하다. 이는 바울의 말에 잘 나타나 있다. "이기기를 다투는 자마다 모든 일에 절제하나니 그들은 썩을 승리자의 관을 얻고자 하되 우리는 썩지 아니할 것을 얻고자 하노라"(고전 9:25). "영광의 관"(τῆς δόξης στέφανον : crown of glory)이란 용어는 승리와 영광을 상징하는 것인데(참고. 고전 9:24-25; 살전 2:19; 딤후 4:8; 약 1:12; 계 2:10; 3:11; 4:4, 10; 6:2; 14:14), 디모데후서 4:8에서 "의의 면류관"으로, 그리고 야고보서 1:12에서 "생명의 면류관"으로 불린다.[168]

젊은 자들에게 주는 권면(5:5)

5절 _ 베드로는 이제 "젊은 자들"에게 권면한다. "젊은 자들"(νεώτεροι : younger men)은 장로들의 돌봄을 받는 양 무리를 가리킨다. 장로들은 나이가 든 사람이라는 뜻을 가지지만, 앞에서 살펴보았듯이 그들은 단지 나이가 많은 사람들이 아니라 교회의 지도자들을 의미했다. 하지만 여기에 나오는 젊은 자들은 특정한 그룹을 형성하거나 특정한 직무를 가진 사람들로 보이지 않는다.[169] 본문은 물론이거니와 신약성경 전체에서 젊은 자들을 이런 식으로 명명한 흔적이 없다. 문맥상 장로들과 젊은 자들은 대조를 이루지도 않는다. 따라서 이들은 모든 신자를 가리키는 것으로 보인다. 특히 베드로는 교인들 가운데서도 나이가 젊은 사람들을 향하여 이런 권면을 했을 것이다. 결국, 베드로의 권면은 모든 신자를 향한 것이라고 할 수 있다.

젊은 자들에게 주는 권면은 "장로들에게 순종하고 다 서로 겸손으로 허리를 동이라"는 것이다. 베드로는 이미 국민이 정부 지도자에게 순종해야 한다고 말했고(참고. 2:13), 사환이 주인에게 순종해야 한다고 말했으며(참고. 2:18), 아내가 남편에게 순종해야 한다고 말했는데(참고. 3:1), 여기서 교인들

---

168) Matthew Poole, 142.

169) Donald P. Senior, 141.

이 장로들에게 순종해야 한다고 말한다. 더군다나 베드로는 여기서 "다 서로 겸손으로 허리를 동이라"고 하는데, 이것은 "다 서로", 곧 장로들이나 젊은 자들 모두에게 요청하는 것이다. 따라서 이것은 상호간의 의무를 가리킨다. "겸손으로 허리를 동이라"는 표현은 옷을 입은 후에 앞치마를 두르는 것을 뜻한다. 특히 이 표현은 요한복음 13:4에서 예수님이 허리를 동이시고 제자들의 발을 씻어 주신 일을 생각나게 한다.

베드로는 이어서 겸손해야 한 이유를 말힌다. 그는 "하나님은 교만한 자를 대적하시되 겸손한 자들에게는 은혜를 주시느니라"라고 말하는데, 이 말은 잠언 3:34(LXX, "진실로 그는 거만한 자를 비웃으시며 겸손한 자에게 은혜를 베 푸시나니")를 인용한 것이다. 이것은 야고보서 4:6에도 인용되었는데, 야고보는 "하나님이 교만한 자를 물리치시고 겸손한 자에게 은혜를 주신다 하였느니라"라고 했다. 예수님의 사도로서 베드로는 하나님이 사람들을 향하여 어떤 관점과 생각을 가지고 계시는지를 제시할 필요가 있었다. 베드로는 하나님께서 교만한 자와 겸손한 자에게 어떻게 대우하시는지를 명확히 밝힘으로써, 교인들의 공동체인 교회가 하나님의 뜻과 생각을 깨달아 그대로 행하기를 기원한다.[170]

| 설교자를 위한 지침 |

1. 이 단락에는 교회의 지도자에게 주는 권면이 있다. 교회의 지도자는 목사와 장로이다. 설교자는 이 본문을 통하여 목사와 장로의 의무와 책임을 말할 수 있다. 교회의 시노사는 하나님의 양 무리인 성도들을 존중하고 존대해야 하며, 그들을 통하여 더러운 이득을 취하지 말아야 하고, 그들에

---

170) Donald P. Senior, 142.

게 주장하는 자세를 하지 말고 본을 보여야 한다. 설교자는 목사와 장로의 처신과 행실이 교회 전체에 큰 영향을 미친다는 점을 강조해야 한다.

2. 이 단락에는 또한 교인들에게 주는 권면이 있다. 설교자는 교인들이 교회의 지도자인 목사와 장로에게 순종하도록 권면해야 한다. 지도자의 권위를 인정하지 않고 질서를 어기는 교인들이 있는데, 그러한 일은 교회의 성장과 부흥을 크게 저해한다. 교인들은 지도자들의 지도에 순종해야 하고, 그들에게 적극적으로 협력해야 한다. 이처럼 지도자와 교인이 서로를 존중하고 서로에게 예의를 갖추면 교회가 매우 은혜롭게 된다.

3. 베드로는 이 단락에서 하나님의 보상을 말한다. 즉 목자장이 나타나실 때 시들지 않는 영광의 관을 주신다는 말씀과 하나님께서 겸손한 자들에게 은혜를 주신다고 말한다. 따라서 설교자는 하나님의 보상에 대해서 설교할 필요가 있다. 예수님은 목자장이신데, 이는 목자의 우두머리라는 의미를 가짐과 동시에 그분이 목자이시기에 동료 목자를 잘 이해하신다는 사실을 시사한다. 따라서 지도자는 외로움과 고독함을 극복해 가면서 봉사의 일을 잘 감당해야 한다. 또한, 하나님은 겸손한 자에게 은혜를 주신다. 겸손은 결코 손해가 아니며, 비굴함도 아니다. 겸손은 하나님의 은혜를 받는 계기를 만든다. 하나님은 겸손한 자를 사랑하신다.

2. 굳건한 믿음에 대한 권면(5:6-11)

5:6 그러므로 하나님의 능하신 손 아래에서 겸손하라 때가 되면 너희를 높이시리라

5:7 너희 염려를 다 주께 맡기라 이는 그가 너희를 돌보심이라

5:8 근신하라 깨어라 너희 대적 마귀가 우는 사자 같이 두루 다니며 삼킬 자를 찾나니

5:9 너희는 믿음을 굳건하게 하여 그를 대적하라 이는 세상에 있는 너희 형제들도 동일한 고난을 당하는 줄을 앎이라

5:10 모든 은혜의 하나님 곧 그리스도 안에서 너희를 부르사 자기의 영원한 영광에 들어가게 하신 이가 잠깐 고난을 당한 너희를 친히 온전하게 하시며 굳건하게 하시며 강하게 하시며 터를 견고하게 하시리라

5:11 권능이 세세무궁하도록 그에게 있을지어다 아멘

〈본문의 위치와 구조〉

베드로는 교회생활에 대하여 말하는 단원(단원 V, 5:1-11)에서 이 단락(5:6-11)을 통하여 신자들이 교회에서 어떤 태도를 길러야 하며 훈련해야 하는지를 제시한다. 여기서 그는 세 가지 권면(겸손하라, 염려를 다 주께 맡기라, 근신하라 깨어라)과 더불어 기원 및 송영을 통하여 고난 가운데 있는 그리스도인들이 굳건한 믿음을 가질 것을 요청한다.

5:6	겸손하라
5:7	염려를 다 주께 맡기라
5:8-9	근신하라 깨어라
5:10-11	기원과 송영

〈본문주해〉

겸손하라(5:6)

6절 _ 베드로는 5:5의 "하나님은 교만한 자를 대적하시되 겸손한 자들에게는 은혜를 주시느니라"라는 권면에 대하여 조금 더 말한다. 그는 "그러므로 하나님의 능하신 손 아래에서 겸손하라 때가 되면 너희를 높이시리라"라고 말한다. "하나님의 능하신 손"은 인간의 연약한 손과 대조된다. "하나님의 능하신 손"이라는 개념은 구약에 근거하는데, 대단히 훌륭한 성경의 이미지이다.[171] 그것은 하나님의 전능하심을 의미하는데, 성경은 하나님의 전능하심에 대해서 종종 "강한 손"(참고. 출 3:19), "능하신 손"(참고. 출 32:11; 신 3:24), "권능의 오른손"(참고. 마 26:64) 등으로 표현한다.[172] 하나님의 능하신 손은 택한 백성들을 구원하시고 보호하시는 손이다. 하나님은 능하신 손으로 교만한 자를 물리치시며, 겸손한 자에게 은혜를 주신다.

"때가 되면"($\acute{\epsilon}\nu$ $\kappa\alpha\iota\rho\hat{\omega}$: at the proper time)이란 종말론적인 용어인데, 비단 세상의 마지막만을 가리키는 것이 아니라, 하나님께서 정하신 특정한 때를 지시하기도 한다. 따라서 하나님이 겸손한 자들을 높이시는 '때'는 단지 그들이 개인적인 종말(개인의 죽음)을 맞이할 때이거나 우주적인 종말(주님의 재림)을 맞이할 때가 아니다. 물론 그날에 하나님의 약속이 궁극적으로 성취되는 것을 경험하겠지만(참고. 4:17), 하나님은 지금 이 세상에서도 그분이 정해 놓으신 시점이나 순간에 겸손한 자들을 영예롭게 하실 것이다. 따라서 신자들은 지금 당하는 고난을 참고 견뎌야 한다. 하나님은 그들을 가만히 두고 방치하지 않으신다.

---

171) Peter H. Davids, 186.

172) Matthew Poole, 143.

염려를 다 주께 맡기라(5:7)

7절 _ 베드로전서의 수신자들이 고난 중에 있었으므로 베드로는 염려하지 말고 굳은 믿음을 가지라고 권면한다. "너희 염려를 다 주께 맡기라"는 말은 '염려'와 '믿음'(신뢰)을 반대되는 개념으로 설정한다. "맡기라"(ἐπιρίψαντες)는 단어는 아오리스트 분사로서 단호하고 과감한 동작을 의미한다. 이 문구는 4:19의 "그 영혼을 미쁘신 창조주께 의탁할지어다"와 같은 의미를 가진다.[173] "염려"(μέριμνα)라는 단어는 일반적으로 걱정, 근심, 두려움 등의 의미를 가지지만, 이 서신에서는 단지 주님을 믿는다는 이유로 당하는 고난과 박해를 포함한다. 그러므로 그리스도인들은 염려를 단호하고 과감하게 던져 버리고 전혀 신경 쓰지 말아야 한다.

이어서 베드로는 "이는 그가 너희를 돌보심이라"라고 말한다. 그리스도인들은 염려를 주님께 맡기고 주님의 돌보심을 믿어야 한다. 인간이 염려하는 것은 당연하고 어쩔 수 없는 것처럼 보이지만, 사실은 하나님이 보호하신다는 지식과 이해를 할 때 해소될 수 있다. 즉 염려는 하나님의 보호를 믿을 때 사라져 버린다. 예수님은 마태복음 6:25-34에서 염려하지 말라고 하시면서 "그런즉 너희는 먼저 그의 나라와 그의 의를 구하라 그리하면 이 모든 것을 너희에게 더하시리라"라고 하셨다. 이는 우리가 해야 할 일이 염려하는 것이 아니라 오히려 하나님의 나라와 의를 구하는 것이라는 점을 가르쳐준다. 우리가 하나님께 집중할 때 하나님은 우리의 염려를 없애주실 것이다. 하나님은 자신의 종들을 부지런히 살피시며 그들에게 좋은 것을 아끼지 아니하실 것이나(참고. 시 84:11).[174]

---

173) Peter H. Davids, 188.

174) Matthew Poole, 143.

근신하라 깨어라(5:8-9)

8절 _ 베드로는 5장에서 신자의 여러 덕목을 말한다. 곧 지도자의 자세를 말한 후에, 교인의 순종과 겸손에 대해서 말하고, 이어서 염려하지 말라고 권면했는데, 이제는 근신하고 깨어 있으라고 말한다. "근신하라"는 말은 1:13과 4:7에 이미 나온 것인데 여기서 다시 반복된다. "깨어라"는 말은 '염려하지 말라' 는 말의 부작용을 경계하기 위해서 주어졌다. 즉 신자가 하나님의 돌보심과 지키심을 믿어서 염려하지 않는 것이 나태와 안일로 이어지는 것을 방지하려는 의도를 가진다. 근신하라는 말과 깨어 있으라는 말은 어떤 면에서 같은 말이다. 그것은 자신을 철저히 관리하는 것이고, 정신을 차리는 것이며, 부지런하고 성실한 삶의 자세를 유지하는 것이다(참고. 살전 5:6).

베드로는 "너희 대적 마귀가 우는 사자 같이 두루 다니며 삼킬 자를 찾나니"라고 말함으로 마귀의 존재와 활동에 대해서 언급한다. 마귀는 그리스도인들을 삼키려 한다. 마귀는 우는 사자와 같이 먹잇감을 찾아 헤맨다(참고. 겔 22:25; 딤후 4:17; 히 11:33). '마귀'(διάβολος)는 '비방하는 자'(slanderer)라는 뜻을 가진다. 그는 신자를 비방하며 헐뜯고 참소한다. 그는 사람들에게 하나님을 그와 같이하며(창 3:4-5), 하나님에게 사람들을 그와 같이하고(참고. 욥 1:7; 2:2; 계 12:10), 또한 사람들끼리 서로 그와 같이하도록 만든다(참고. 요 8:44).[175] 특히 마귀는 "우는 사자 같이" 다니며 삼킬 자를 찾는데, 이 단어는 굶주린 사자가 먹이를 찾아다니는 모습을 생생하게 묘사한다(참고. 겔 22:25).[176] 그리고 이것은 마귀가 사람을 완전히 잡아먹는다는 무서운 이미지를 떠올린다. 그러므로 그리스도인들이 세상 사람들에게 고난을 당하

---

175) Matthew Poole, 143.

176) J. Ramsey Michaels, 583.

고 박해를 당하는 것은 그 배후에 마귀가 있기 때문이라는 점을 잊어서는 안 된다.

9절 _ 따라서 베드로는 신자들을 향하여 "너희는 믿음을 굳건하게 하여 그를 대적하라"고 권면한다. 믿음을 굳건하게 한다는 말은 하나님이 신자들을 사랑하신다는 사실을 굳게 믿는 것이며, 하나님이 그분의 능력으로 신자들을 보호하신다는 약속을 굳게 믿는 것이다(참고. 1:5). 더욱이 하나님께서 마지막 날에 신자들을 구원하시며 신자들에게 칭찬과 영광과 존귀를 주실 것을 믿는 것이다. 실제로 믿음을 굳건하게 하는 것은 그리스도인에게 큰 힘이 되는데, 그리스도인은 믿음으로 말미암아 염려하지 않으며, 고난을 견디며, 모든 시험에서 승리한다. 이에 사도 요한은 다음과 같이 말한다. "무릇 하나님께로부터 난 자마다 세상을 이기느니라 세상을 이기는 승리는 이것이니 우리의 믿음이니라"(요일 5:4).

베드로는 마귀를 대적하라고 하는데, 마귀를 대적한다는 말은 야고보서 4:7에도 언급되어 있다("마귀를 대적하라 그리하면 너희를 피하리라"). 그러면 마귀를 대적하라는 말은 무슨 뜻인가? 베드로(야고보도 마찬가지)는 마귀를 대적하는 구체적인 방법을 말하지 않는다. 하지만 바울은 마귀를 대적하는 방법을 하나님의 전신갑주를 입는 것이라고 말한다(참고. 엡 6:11-13). 진실로 그리스도인들은 마귀를 두려워할 필요가 없다. 마귀는 이미 그리스도에 의해서 치명적인 상처를 입어서 기력을 상실했으며, 하나님의 자녀들은 마귀를 이길 힘을 가지고 있다. 따라서 믿음에 굳게 서고 하나님의 전신갑주를 입으면 얼마든지 마귀를 이길 수 있다.

"이는 세상에 있는 너희 형제들도 동일한 고난을 당하는 줄을 앎이라"는 말은 비단 이 서신을 받는 수신자들만 고난을 당하는 것이 아니라 세상의 모든 그리스도인이 고난을 당한다는 것을 알라는 뜻이다. 즉 신자의 고난은 보편적이며 항시적이라는 사실을 기억하라는 뜻이다. 따라서 그들은 자신들의 고난을 이상하게 여기지 말아야 하며, 왜 자신들만 고난을 당하느냐고 불평하지 말아야 하고, 또한 자신들이 혼자가 아니라는 사실에 위로와 용기를 얻어야 한다. 마귀는 그리스도인들을 가만히 두지 않고, 어떻게 해서든지 넘어뜨리려고 한다. 따라서 모든 시대의 모든 그리스도인은 근신하고 깨어서 믿음을 굳게 하여 마귀를 경계하고 대적해야 한다.

기원과 송영(5:10-11)

10절 _ 베드로는 10-11절에서 본론을 마친다. 10절은 베드로전서 전체를 요약한 것으로 '기원'의 형태를 가지며, 11절은 10절(기원)의 근거(하나님의 속성과 활동)를 제공하는 동시에 '송영'을 올려드리는 것이다. 10절에서 베드로는 하나님의 속성(은혜의 하나님), 하나님의 부르심, 그리스도의 구속사역, 종말론적 진술(하나님의 영원한 영광에 들어감), 고난을 참아야 한다는 권면, 성도의 견인에 대해서 말한다. 이러한 진술은 베드로가 이 서신에서 말한 것들을 망라한다. 따라서 10절을 통하여 수신자들은 베드로전서 전체의 핵심이자 요점을 익힐 수 있다.

베드로는 "모든 은혜의 하나님"을 언급하는데, "은혜"(χάρις)라는 용어는 베드로전서에 다양한 방식이나 형태로 10번 나오며, 이것의 기본적인 의미는 그리스도의 구속사역의 덕분에 그리스도인들에게 수여되는 하나님의 사랑과 자비이다(참고. 1:2, 10, 13; 3:7; 4:10; 5:5, 12).[177] 따라서 베드로가 이 표현을 사용한 것은 하나님께서 신자들을 사랑하시고 지키신다는 사실을 드러내기 위해서이다. 이 서신에서 하나님은 우리를 미리 택하시고,

---

177) Donald P. Senior, 148.

우리를 거듭나게 하셔서 살아 있는 소망이 있게 하시고, 우리가 하늘의 유업을 잇게 하시며, 우리를 언제나 거룩하고 순결하게 하시는 분이다(참고. 1:3-4).

"그리스도 안에서 너희를 부르사 자기의 영원한 영광에 들어가게 하신 이"라는 표현은 하나님의 효과적인 부르심과 그 결과를 알려준다. 하나님은 택하신 자를 부르시는데, 하나님의 선택은 전적으로 하나님의 주권적인 뜻에 따른다. 하나님은 그리스도로 말미암은 우리를 부르시며, 그렇게 부르신 자들을 마지막 날에 영원한 영광에 들어가게 하신다. 즉 하나님은 부르신 자들을 지키시고 보호하시되, 세상 마지막까지 지키셔서 마침내 하늘나라에서 칭찬과 영광과 존귀를 얻게 하실 것이다(참고. 1:7; 5:1; 롬 5:2).

"잠깐 고난을 당한 너희를"이란 표현은 신자들이 당하는 고난이 그리 길지 않다는 뜻이다. 사실 사람이 이 세상에서 사는 기간은 하늘나라에서 영원히 사는 기간에 비교해 너무나 짧다(참고. 1:6; 고후 4:17; 벧후 3:18). 그러므로 신자들은 고난이 길다고 불평하거나 원망하지 말아야 한다. 게다가 예수님이 언제 오실지 모르지만 그리 지체하지 않으실 것이다. 이에 히브리서 기자는 다음과 같이 말한다. "잠시 잠깐 후면 오실 이가 오시리니 지체하지 아니하시리라"(히 10:37). 그리고 야고보는 다음과 같이 말한다. "내일 일을 너희가 알지 못하는도다 너희 생명이 무엇이냐 너희는 잠깐 보이다가 없어지는 안개니라"(약 4:14).

"친히 온전하게 하시며 굳건하게 하시며 강하게 하시며 터를 견고하게 하시리라"는 말은 네 가지 약속이다. 여기서 '온전함', '굳건함', '강함', '견고함'이란 단어는 약간의 의미상의 차이를 가지기는 하지만 모두 같은 특질을 가진다. 베드로는 그리스도인들에게 조금도 흔들리지 말라는 뜻을 드러내기 위하여 다양하면서도 비슷한 단어를 연거푸 사용하여 강조한다. 신자들은 고난을 받으면서 낙심하고 피폐하고 지칠 수 있겠지만, 하나님께서 그들에게 새로운 힘을 주셔서 잘 견디며 마침내 승리하게 하실 것을 믿어야 한다. 신자들의 인내는 그들 자신의 믿음을 강화해 줄 뿐만 아니라(참고. 1:7), 많은 이웃에게 감동을 주어 그들이 믿음을 가지는 계기를 마련해 줄 것이다(참고. 3:16).

11절 _ "권능이 세세무궁하도록 그에게 있을지어다 아멘"은 '송영'(doxology)이다. 이러한 송영은 4:11에서도 나왔는데, 여기에 다시 반복된다. 이러한 반복에서 주목할 것은 앞에서는 "영광과 권능"이 나왔지만, 여기서는 단지 "권능"만 나온다는 점이다. 이는 문맥과 무관하지 않은데, 베드로가 여기서 하나님의 구원하시고 보호하시는 능력을 강조하기 때문이다. 베드로는 하나님께 권능이 세세무궁하도록 있을 것을 말한다. 하나님의 권능은 신자들을 고치고 회복시키며 힘을 주시는 원천이다. 즉 하나님은 충분한 능력을 갖추고 계셔서 지금 신자들이 당하는 어려움을 해결해 주실 수 있다. 그리고 이에 대해 신자들은 "아멘"으로 확신을 표시한다.

｜ 설교자를 위한 지침 ｜

1. 설교자는 본문을 설교할 때 세 가지 권면을 사용하여 세 가지 대지를 만들 수 있다. 대지: 1) 겸손하라, 2) 염려를 다 주께 맡기라, 3) 근신하라 깨어라.

2. 설교자는 9절의 '마귀를 대적하라'는 문구를 이해하고 적용할 때 주의해야 한다. 곧 이 말을 신비주의적으로 설명하지 않도록 조심해야 한다.

일부 진영에서는 마귀의 존재와 활동에 대해서 지나치게 무지하거나 무시하고, 일부 진영에서는 이에 대해서 지나치게 예민하거나 과잉 대응한다. 따라서 설교자는 성경 자체의 가르침에 따라 성도들이 하나님의 전신갑주를 취하고 믿음에 굳건하게 서 있어야 한다는 점을 강조해야 한다. 아울러, 설교자는 마귀에 대한 교의학적 공부를 통하여 교인들에게 이에 대한 바른 지식을 전달해 주어야 한다.

3. 10절의 "모든 은혜의 하나님 곧 그리스도 안에서 너희를 부르사 자기의 영원한 영광에 들어가게 하신 이가 잠깐 고난을 당한 너희를 친히 온전하게 하시며 굳건하게 하시며 강하게 하시며 터를 견고하게 하시리라"는 문구는 이 서신에서 줄곧 거론된 주제를 요약한 것이다. 따라서 설교자는 이 문구를 서신 전체의 거시적인 관점에서 설명할 수 있다. 이러한 방식의 거시적인 설명은 청중들이 서신 전체의 내용과 주제를 이해하게 하는 데 큰 도움이 된다.

단원 VI _ 결어
(5:12-14)

5:12 내가 신실한 형제로 아는 실루아노로 말미암아 너희에게 간단히 써서 권하고 이것이 하나님의 참된 은혜임을 증언하노니 너희는 이 은혜에 굳게 서라

5:13 택하심을 함께 받은 바벨론에 있는 교회가 너희에게 문안하고 내 아들 마가도 그리하느니라

5:14 너희는 사랑의 입맞춤으로 서로 문안하라 그리스도 안에 있는 너희 모든 이에게 평강이 있을지어다

결어(5:12-14)

5:12 내가 신실한 형제로 아는 실루아노로 말미암아 너희에게 간단히 써서 권하고 이것이 하나님의 참된 은혜임을 증언하노니 너희는 이 은혜에 굳게 서라

5:13 택하심을 함께 받은 바벨론에 있는 교회가 너희에게 문안하고 내 아들 마가도 그리하느니라

5:14 너희는 사랑의 입맞춤으로 서로 문안하라 그리스도 안에 있는 너희 모든 이에게 평강이 있을지어다

〈본문의 위치와 구조〉

이 서신의 마지막 부분이다. 베드로는 당시 서신의 일반적인 형식에 따라 끝을 맺는다. 그는 여기서 서신의 전달자(혹은 서신의 대필자)를 소개하고, 그가 서신에서 말했던 주제를 간략히 정리하여 말하며, 함께 있는 사람들의 문안인사를 전달하고, 편지를 읽는 모든 이에게 하나님의 평강이 있기를 기원한다.

5:12	서신을 보내는 목적
5:13	문안인사
5:14	축복

〈본문주해〉

서신을 보내는 목적(5:12)

12절 _ 베드로는 이 서신을 전달한 사람을 언급한다. "내가 신실한 형제로 아는 실루아노로 말미암아 너희에게 간단히 써서 권하고"라는 말은 실루아노를 통하여 이 편지를 전달한다는 뜻이다. 아마도 베드로가 실루아노에게 대필하게 했을 수도 있지만 확실하지 않다.[178] '실루아노'(Σιλουανός)는 '실라'의 로마식 이름이다. 베드로는 실루아노에 대하여 별

---

[178] 이 구절 자체로 볼 때는 실루아노가 '대필자'라는 뜻을 가지고 있지 않고 오로지 '전달자'라는 의미를 가진다. 이에 Wayne A. Grudem 등은 분명히 '대필자' 견해가 아닌, '전달자' 견해를 선호한다고 밝힌다. Wayne A. Grudem, 306을 보라. 하지만 실루아노가 베드로의 말을 받아 적어서 이 서신을 기록했을 가능성을 완전히 배제할 수 없다. 물론, 실루아노가 대필을 했다 하더라도, 베드로가 이 서신의 저자인 것은 분명하다.

다른 정보를 주지 않는다. 즉 베드로는 실루아노의 출생, 신분, 현재 하는 일, 자신과의 관계 등에 대해서 말하지 않는다. 이는 실루아노가 수신자들에게 잘 알려진 사람임을 시사한다.

실루아노는 사도행전 15:22-24에 나오는 '실라'일 수도 있고, 고린도후서 1:19와 데살로니가전서 1:1에 나오는 바울의 동역자일 수도 있다. 아마도 이 모든 곳에 나오는 실루아노가 동일 인물일 가능성이 높다. 베드로는 실루아노에 대하여 "신실한 형제"라는 수식을 붙이는데, 이는 베드로가 실루아노를 신뢰하고 있다는 뜻을 가지지만, 또한 이것은 당시에 편지 전달과 관련하여 관용적으로 사용된 어구이다(참고. 고전 16:10-11; 엡 6:20-21; 골 4:7-9; 딛 3:12-13). 필시 당시에 아무에게나 편지전달을 맡기지 않았으며, 자신이 대단히 신뢰하는 사람에게 이런 일을 맡겼다.

"이것이 하나님의 참된 은혜임을 증언하노니"라는 말은 베드로가 이 서신을 기록하여 수신자들에게 보내는 이유가 무엇인지를 보여준다. 베드로는 하나님을 '은혜의 하나님'으로 묘사한다. 하나님께서는 결코 신자들이 고난당하는 것을 외면하지 않으시고, 그들에게 실제적인 도움과 보호를 베푸신다. 따라서 하나님은 은혜로우신 분이다. 그리고 베드로는 이러한 사실을 고난당하는 신자들에게 기록하여 보내고, 그들이 이 편지를 읽음으로 하나님의 참된 은혜를 깨달아서 자신들이 맞이한 어려운 형편을 잘 극복하기를 바란다.

"너희는 이 은혜에 굳게 서라"는 말은 이러한 '하나님에 관한 지식 위에 굳게 서라'는 뜻이다. 그들은 복음을 수호해야 하며 복음 때문에 당하는 고난을 참고 견뎌서 마침내 승리해야 한다. 하지만 궁극적으로 그리스도인들을 고난 가운데 굳게 서게 하시면 승리하게 하시는 분은 하나님이시다. 베드로는 10절에서 "… 하신 이가 잠깐 고난을 당한 너희를 친히 온전하게 하시며 굳건하게 하시며 강하게 하시며 터를 견고하게 하시리라"라고 말했다. 따라서 그리스도인들은 하나님을 믿는 가운데 하나님의 실제적인 도우심을 받아서 굳게 서야 한다.

문안인사(5:13)

13절 _ 베드로는 지금 자신과 함께 있는 성도들의 문안인사를 전달한다. 즉 베드로는 "택하심을 함께 받은 바벨론에 있는 교회"의 문안인사와 "내 아들 마가"의 문안인사를 전달한다. 여기서 "택하심을 함께 받은"이라는 문구는 1:2의 "하나님 아버지의 미리 아심을 따라"라는 문구와 일맥상통하며, 1:15의 "너희를 부르신 거룩한 이"라는 말과 연관되고, 2:9의 "너희는 택하신 족속이요"라는 말과 같은 의미를 가지는데, 하나님을 믿는 자들이 자의에 의해서 하나님께 나아온 것이 아니라 하나님의 선택을 받아 불려 나온 구별된 자들임을 의미한다.

더욱이 "택하심을 함께 받은 바벨론에 있는 교회"란 이 서신이 기록된 장소를 암시한다. 여기서 '바벨론'은 '로마'를 가리킨다(참고. '서론'의 '기록 장소'). 이는 요한계시록이 로마를 바벨론에 비유한 것으로부터 강력한 지지를 받는다(참고. 계 14:8; 16:19; 17:5; 18:2, 10). 그리고 당시 유대 문헌과 랍비 문학에서도 로마를 바벨론으로 묘사한 곳이 있어서 이런 주장을 뒷받침한다(참고. *Sibylline Oracles* 5.143, 159; *2 Baruch* 11.1; 67.7).[179] 구약에서 바벨론은 하나님의 백성에게 고통을 주는 곳을 상징했는데, 여기서 베드로는 로마를 바벨론이라고 지칭함으로써, 당시 그리스도인들의 보편적인 정서를 반영한다.

---

179) 이에 대한 상세한 논의를 위하여, Peter H. Davids, 202-203을 보라.

"내 아들 마가도 그리하느니라"는 표현에서 "내 아들"이라는 표현은 '영적인 아들'(제자)을 의미하는데, 마가는 말년에 로마에서 베드로와 동역했기에 여기에 이름이 나온다. 마가는 바나바의 친척으로, 바울이 제1차 전도여행을 할 때 따라갔고, 이 서신이 기록될 때에는 베드로와 함께 로마에 있었다(참고. 행 12:25; 13:5, 13; 15:36-39). 마가는 한때 바울과 바나바를 떠났지만, 훗날 이전의 신실한 모습을 회복했다(참고. 골 4:10; 몬 24; 딤후 4:11). 아마도 베드로는 매우 이른 시기부터 마가를 알았을 것이다. 이는 예루살렘 교회가 마가의 어머니 집에서 무였기 때문이다(참고 행 12:12). 아울러 이것은 마가가 베드로의 지시로 마가복음을 기록했다는 초기 전승을 뒷받침하는 근거를 제공한다.[180]

축복(5:14)

14절 _ 베드로는 축복(기원)으로 서신을 마무리한다. "사랑의 입맞춤"은 초대교회의 인사였다(참고. 롬 16:16; 고전 16:20; 고후 13:11; 살전 5:26). "그리스도 안에 있는 너희 모든 이에게 평강이 있을지어다"는 인사이자 축복이다. 인사할 때 '평강'을 기원하는 것은 신약성경에서 발견되는 전통인데, 이는 부활하신 그리스도께서 그분의 제자들에게 하신 인사였고(참고. 눅 24:36; 요 20:19, 21, 26), 선교를 수행하면서 해야 할 일 중의 하나였다(참고. 마 10:13; 눅 10:5). 베드로의 마지막 인사는 서신을 읽는 1차 수신자들을 향한 것임과 동시에 모든 시대에 모든 장소에서 이 서신을 읽는 모든 그리스도인을 향한 것이다.

---

180) ESV Study Bible.

│ 설교자를 위한 지침 │

1. 이 단락에는 서신을 보내는 목적이 진술되어 있다. 그것은 12절의 "너희에게 간단히 써서 권하고 이것이 하나님의 참된 은혜임을 증언하노니 너희는 이 은혜에 굳게 서라"는 문구에서 발견된다. 따라서 설교자는 이 서신을 어떤 목적을 가지고 읽어야 하는지를 설명할 수 있다.

2. 이 단락에서 베드로는 여러 동역자를 소개한다. 그는 "실루아노," "택하심을 함께 받은 바벨론에 있는 교회," "내 아들(영적인 아들) 마가"를 언급한다. 이는 우리에게 동역자의 소중함을 깨닫게 해준다. 이 서신에서 교회론은 매우 주목받는 주제인데, 이는 그리스도인들이 개인적으로가 아니라 교회적으로 존재하는 이들임을 알려준다. 따라서 설교자는 교회의 중요성과 동역자의 가치를 강조할 필요가 있다. 특히 고난을 당할 때 옆에 함께하는 사람이 있으면 큰 위로가 된다는 사실을 가르칠 수 있다.

3. 이 단락 마지막 절(14절)에는 축복과 기원이 언급되어 있다. 따라서 설교자는 이 구절을 통해서 성도들이 서로를 사랑해야 한다는 사실과 서로를 축복하는 일을 말할 수 있다. 설교자는 교회에서 하나님께 예배드리는 것과 동시에 성도가 서로 교제하는 것의 중요함을 역설하여 교회의 화평과 연대를 강조할 필요가 있다.

성구 색인

참고문헌

Achtemeier, Paul J., "Suffering Servant and Suffering Christ in 1 Peter." in *The Future of Christology: Essays in Honor of Leander E. Keck*, ed. Abraham J. Malherbe and Wayne A. Meeks, Minneapolis: Fortress, 1993, 176-88.

Beare, F. W., *The First Epistle of Peter: The Greek Text with Introduction and Notes*, 3d ed. Oxford: Basil Blackwell, 1970.

Best, E., *1 Peter*, NCB, Grand Rapids: Wm. B. Eerdmans, 1971.

Bigg, Charles A., *A Critical and Exegetical Commentary on the Epistles of St. Peter and St. Jude, International Critical Commentary*, London: T&T Clark, 1901.

Campbell, Barth L., *Honor, Shame, and the Rhetoric of 1 Peter*, SBLDS 160, Atlanta: Scholars, 1998.

Chin, Moses, "A Heavenly Home for the Homeless: Aliens and Strangers in 1 Peter," *Tyndale Bulletin* 42(1991): 92-112.

Clowney, E., *The Message of 1 Peter*, The Bible Speaks Today, ed. J. W. R. Scott, Downers Grove, Ill.: Inter Varsity Press, 1988.

Cranfield, C. E. B., *The First Epistle of Peter*, London: SCM, 1950.

Davids, Peter H., *The First Epistle of Peter*, The New International Commentary on the New Testament, Grand Rapids: Wm. B. Eerdmans, 1990.

de Villiers, J. L., "1 Peter," in ed. A. B. du Toit, *Guide to the New Testament VI*, Halfway House: NG Kerkboekhandel, 1988.

Dryden, J. Waal, *Theology and Ethics in 1 Peter: Paranetic Strategies for Christian Church*, WUNT Ⅱ/209, T?bingen: Mohr Siebeck, 2006.

du Toit, A. B., "The Theology of 1 Peter," in ed. A. B. du Toit, *Guide to the New Testament VI*, Halfway House: NG Kerkboekhandel, 1988.

Elliott, J. H., *A Home for the Homeless: a Social Exegesis of 1 Peter, Its Situation and Strategy*, Philadelphia: Fortress Press, 1981.

ESV Study Bible.

Goppelt, Leonhard, *A Commentary on 1 Peter*, ed. Ferdinand Hahn, trans. John E. Alsup, Grand Rapids: Wm. B. Eerdmans, 1993.

Gross, C. D., "Are the Wives of 1 Peter 3.7 Christians?," *Journal for the Study of the New Testament* 35(1989): 89-96.

Grudem, Wayne A., *1 Peter*, Tyndale New Testament Commentary, 왕인성 역, 서울: CLC, 2014.

Hemer, Colin J., "The Address of 1 Peter," *Expository Times* 101(1989): 239-43.

Hiebert, Edmond D., "Living in the Light of Christ's Return: An Exposition of 1 Peter 4:7-11," *Bibliotheca Sacra* 139(1982): 243-54.

Hill, David, "On Suffering and Baptism in 1 Peter," *NovumTestamentum* 18(1976): 181-89.

Kelly, J. N. D., *베드로전후서.유다서*, 헨드릭슨 주석, 서울: 아가페, 1988.

Kendall, Daniel, "On Christian Hope: 1 Peter 1:3-9," *Interpretation* 41(1987): 66-71.

Malina, Bruce J., *The New Testament World: Insight from Cultural Anthropology*, rev. ed, Louisville: Westminster/John Knox Press, 1993.

McCartney, D., "Logikos in 1 Peter 2:2," *Zeitschrift für die neutestamentliche Wissenschaft* 82(1991): 352-59.

McKnight, Scot, *1 Peter*, NIV Application Commentray, 문종윤.권대영 역, 서울: 솔로몬, 2015.

Michaels, J. Ramsey, *1 Peter*, Word Biblical Commentary, 박문재 역, 서울: 솔로몬, 2006.

Minear, Paul S., "The House of Living Stones: A Study of 1 Peter 2:4-12," *Ecumenical Review* 34(1982): 238-48.

Pilch, John J., " 'Visiting Strangers' and 'Resident Aliens,' " *The Bible Today* 29(1991): 357-61.

Poole, Matthew, *야고보서~요한계시록*, Matthew Poole's Commentary, 정충하 역, 서울: 크리스천다이제스트, 2016.

Selwyn, E. G., *The First Epistle of St. Peter, The Greek Text, with Introduction, Notes, and Essays*, London: Macmillan, 1961.

Senior, Donald P., *1 Peter*, Sacra Pagina 15, Collegeville, Minnesota: Liturgical Press, 2003.

Stibbs, Alan M., *The First Epistle General of Peter*, Grand Rapids: Wm. B. Eerdmans, 1959.

Winter, Bruce W., "The Public Honouring of Christian Benefactors: Romans 13.3-4 and 1 Peter 2.14-15," *Journal for the Study of the New Testament* 34(1988): 87-103.

오광만, *베드로전서 어떻게 읽을 것인가?*, 서울: 그리심, 2014.

황원하, *응답하라 신약성경*, 서울: 세움북스, 2016.